Wolfgang Wegert

Ein kostbarer Glaube

Botschaften aus den Petrusbriefen

arche-medien

Bibliografische Information Der Deutschen Bibliothek

Die Deutsche Bibliothek verzeichnet diese Publikation in der Deutschen Nationalbibliografie; detaillierte bibliografische Daten sind im Internet über http://dnb.ddb.de abrufbar.

Die Bibelstellen sind, wenn nicht anders angegeben, der Lutherübersetzung von 1984 entnommen. „Elb“ kennzeichnet die Revidierte Elberfelder Übersetzung, „LÜ 1912“ die Lutherübersetzung von 1912, „Sch“ die Schlachterübersetzung von 1951, „Sch 2000“ die Schlachterübersetzung von 2000 (zitiert nach der Genfer Studienbibel).

4. Auflage 2010

Satz: Titus Vogt, Hamburg
Umschlag: BoD Verlagsservice, Hamburg
Druck: ARKA, Cieszyn (Polen)
ISBN: 978-3-934936-08-9

arche-medien
– Verlag des Gemeinde und Missionswerkes ARCHE –
Doerriesweg 7
22525 Hamburg
☏ (0 40) 54 70 50
🖷 (0 40) 54 70 52 99
www.arche-gemeinde.de
info@arche-gemeinde.de

Inhaltsverzeichnis

Zum Geleit **7**

Erwählung – Gnade oder Verantwortung? **9**
Die Erwählungslehre in der Bibel 9
Der Umgang mit der Erwählungslehre 11
Auserwählung ist ein starker Trost 13
Die Basis der Erwählung 14
Gottes Mittel in der Erwählung 16
Das Ziel der Erwählung 17

Auf die Neugeburt kommt es an **19**
Was bedeutet biblische Wiedergeburt? 19
Warum schenkt Gott die Wiedergeburt? 23
Welches Ziel hat die Wiedergeburt? 25
Welches Mittel wendet Gott für die Wiedergeburt an? 26

Christ und Traurigkeit **29**
Der Glaube freut sich 29
Der Glaube gerät auch unter Druck 30
Die Bewährung des Glaubens 31
Die Zeit der Traurigkeit ist kurz 34
Mancherlei Anfechtungen 35

Berührung mit dem Unsichtbaren **39**
Mit der unsichtbaren Welt in Kontakt kommen 39
Die Sehnsucht der Propheten 43
Die Engel haben Lust am Evangelium 45

Warum? Darum! **49**
Darum 49
Das „Darum“ in den apostolischen Briefen 52
Umgürtet die Lenden eurer Gesinnung 53
Seid nüchtern 56

Umgürtet die Lenden eures Denkens **58**
Durch den Sündenfall ist das Denken der Menschen verseucht 58
Veränderung des Denkens 59
Das erneuerte Denken will und muß gepflegt werden 60
Wie sieht das praktisch aus? 60
Es geht um Leiden 65

Befreit durch die neue Geburt ... 68
Das Fundament für ein geheiligtes Leben ... 68
Beschreibung der Wiedergeburt ... 71
Die Blume des Grases ... 72
Die Natur des neuen Lebens ist unsterblich ... 73

Christus unser Schicksal ... 77
Gott hat Ihn erwählt ... 77
Der Mensch verwirft Ihn ... 79
Ein geistliches Haus ... 80
Das geistliche Haus für alle Völker ... 83
Der Auftrag der Gemeinde Gottes ... 84

Merkmale eines guten Lebenswandels ... 87
Fremdlingsschaft ... 87
Unterordnung ... 88
Die Begründung für die Unterordnung ... 89
Der Zweck der Obrigkeit ... 92
Die Grenzen der Unterordnung ... 94

Die Genialität des Evangeliums ... 97
Das Evangelium klar definiert ... 98
Evangelium und Erkenntnis ... 101
Grundsätzliche Gedanken über Gott ... 103
Das Evangelium selber verstehen ... 104

Glaube und Allversöhnung ... 107
Keine Allversöhnung ... 107
Keine Bekehrungsmöglichkeit nach dem Tod ... 109
Jesus bei den verstorbenen Geistern ... 111
Was hat Jesus in der Totenwelt gepredigt? ... 113
Sind Christen auch im Totenreich? ... 115
Welche Predigt hörten die ungläubig Verstorbenen? ... 115

Leiden nach dem Willen Gottes ... 117
Geht es um Krankheit? ... 117
Wer mit Christus gelitten hat, hat abgelassen von der Sünde ... 118
Der Sinn unserer jetzigen Leiden ... 121

Darf ein Christ krank sein? ... 127
Kann es der Wille Gottes sein, daß Christen leiden? ... 127
Warum müssen Christen leiden? ... 128
Pädagogische Gründe ... 130
Welche Leiden sind gemeint? ... 131

Das Maß und die Zeitdauer des Leidens 135

Sorgenfrei leben 137
Sorgen ist Mißtrauen gegen Gott 138
Sorgen machen psychisch krank 140
Das Gegenteil von Sorgen ist Seelenfrieden 142

Laß los und lebe! 144
Welche Sorgen dürfen wir auf Jesus werfen? 144
Die Sorge um das Heil 146
Wie wirft man seine Sorgen auf Jesus? 147

Gott kennen ist Leben 151
Der Glaube ist kostbar 151
Der gemeinsame Glaube 154
Gotteserkenntnis bringt höchste Lebenserfüllung 156
Gotteserkenntnis gibt Kraft zum Leben 158

Vergiß nicht, daß du Christ bist 161
Was darf einem Christen nicht fehlen? 161
Was ist, wenn diese Dinge fehlen? 161
Das Bekennen der Sünden 162
Sei deines Heils gewiß 166
Unsere Berufung und Erwählung bestätigen 167
Selbst erkennen, ob unsere Berufung echt ist 168

Festhalten am Wort der Wahrheit 171
Das prophetische Wort besteht nicht aus Legenden und Fabeln 171
Das prophetische Wort ist vom Heiligen Geist eingegeben 173
Die persönliche Konsequenz 175
Am Wort festhalten 177
Das prophetische Wort ist erwiesenes Wort 178
Das prophetische Wort ist ein Licht, das an einem dunklen Ort scheint 180

Falschen Propheten widerstehen 181
Falsche Propheten … 181
… berufen sich auf Jesus, aber folgen Ihm nicht nach 181
… bekennen zwar Christi Namen, aber inhaltlich entleeren sie ihn .. 183
In der Versuchung bestehen 185
Lot war gerecht 185
Der gerechte Lot litt unter den Gottlosen 186
Gott wird die Gerechten bewahren 188

Gottes Zeitrechnung 190

Die Spötter kommen 190
Den Spöttern antworten 191
Tausend Jahre sind wie ein Tag 194
Konsequenzen für uns 197

Buchempfehlungen 201

Zum Geleit

In den ersten Jahren meines Christseins bin ich immer davon ausgegangen, daß meine Entscheidung für Christus und mein Glaube auf mich selbst zurückgingen. Aber irgendwann fiel mir auf, daß ich ganz anders betete, als ich dachte. Denn ich betete nie: „Herr, wie gut war doch meine freie Willensentscheidung!" Sondern ich betete eher: „Ich danke Dir, daß ich mich für Dich entscheiden durfte!"

Heute weiß ich, daß mein Herz eine bessere Theologie hatte als mein Verstand. Ich entdeckte den Glauben als ein auserlesenes Geschenk Gottes an mich. Ich begriff, daß Glaube nicht frei verfügbar ist, als könne man nach Belieben mit ihm umgehen und ihn haben, wann immer und wieviel auch immer man wolle.

So ist biblischer Glaube auch für Petrus nicht billige Massenware, sondern eine teure Rarität. Denn er bezeichnet ihn als *„kostbaren Glauben" (2. Petrus 1,1; Elb)*. In seinen beiden Briefen macht der Apostel wie an einem roten Faden deutlich, warum lebendiger Glaube einen so unschätzbaren Wert hat.

Wir können diese edle Perle nicht kaufen oder verdienen, sondern nur wie eine kostbare Gnadengabe empfangen. Und so will Petrus seine Leser daran erinnern, daß sie nicht durch sich selbst Christen geworden sind. Vielmehr sollen sie grundsätzlich erfassen, welch ein außergewöhnliches und unverdientes Vorrecht ihr Glaube ist. Er ist nicht den selbstgemachten Religionen dieser Welt zu vergleichen, sondern er kommt vom Himmel und ist deshalb einzigartig und von unschätzbarem Wert.

Die Petrusbriefe sprechen nahezu alle Facetten des biblischen Glaubens an – mit einem starken Bezug zum alltäglichen Leben. So geht es zum Beispiel im 1. Petrusbrief besonders darum, wie Christen mit Leid umgehen. Denn nur dieser göttliche Glaube, durch den die Kinder Gottes einst errettet wurden, ist auch kraftvoll genug, sie in Verfolgung, Kummer und Leid durchzutragen, worin sich besonders die Empfänger dieses Briefes befanden. Derselbe kostbare Glaube allein ist auch stark genug, vor Verführern und Irrlehrern zu bewahren, mit denen die Empfänger des zweiten Briefes zu kämpfen hatten.

Ich möchte mich mit diesem Buch dem Apostel Petrus anschließen und meine Leser ebenfalls ermutigen, siegreich an dem einen kostbaren Glauben festzuhalten. Das gilt für Zeiten der Freude und des Wohlergehens, aber besonders in Leid und Not, bei Verführung und Bedrohung durch falsche Lehren. Nur der eine biblische Glaube kann der Sieg sein, der die Welt überwunden hat.

Wolfgang Wegert

Hamburg, im November 2006

Erwählung – Gnade oder Verantwortung?

„Petrus, ein Apostel Jesu Christi, an die auserwählten Fremdlinge, die verstreut wohnen in Pontus, Galatien, Kappadozien, der Provinz Asien und Bithynien, die Gott, der Vater, ausersehen hat durch die Heiligung des Geistes zum Gehorsam und zur Besprengung mit dem Blut Jesu Christi: Gott gebe euch viel Gnade und Frieden!"

(1. Petrus 1,1-2; lies 1-12)

Petrus spricht die Empfänger seines Briefes als Menschen an, die von Gott erwählt sind. Das ist der Kern dieser beiden Verse. Zunächst lernen wir daraus, daß die Bibel eine Erwählungslehre kennt und lehrt.

Die Erwählungslehre in der Bibel

„Auserwählung" ist nicht ein selten vorkommendes, zufälliges Wort in der Bibel, nein, die Heilige Schrift nennt an auffallend vielen Stellen die Kinder Gottes „Auserwählte". Besonders Jesus benutzt diesen Ausdruck. Er spricht zum Beispiel in Matthäus 24 von der Endzeit und sagt dazu in Vers 22: *„Aber um der Auserwählten willen werden diese Tage verkürzt."* In Vers 24 lesen wir: *„Denn es werden falsche Christusse und falsche Propheten aufstehen und große Zeichen und Wunder tun, so daß sie, wenn es möglich wäre, auch die Auserwählten verführten."* Und auch in Vers 31 finden wir diesen Begriff: *„Und er [Gott] wird seine Engel senden mit hellen Posaunen, und sie werden seine Auserwählten sammeln von den vier Winden, von einem Ende des Himmels bis zum andern."* Dreimal also gebraucht Jesus diesen Ausdruck innerhalb von neun Versen.

Aber der Herr Jesus sagt noch mehr von den Auserwählten. In Matthäus 22, Vers 14 lesen wir dieses schwere Wort: *„Denn viele sind berufen, aber wenige sind **auserwählt**."* Oder in Lukas 18, Vers 7: *„Sollte Gott nicht* *auch Recht schaffen seinen **Auserwählten**, die zu ihm Tag und Nacht rufen?"* Auch in Johannes 15, Vers 16 haben wir so ein schweres Wort: *„Nicht ihr habt mich erwählt"* – so denken wir oft – *„sondern ich habe euch **erwählt**."*

An manchen Stellen formuliert Jesus etwas anders, aber meint doch dasselbe: *„Es kann niemand zu mir kommen, es sei denn, ihn **ziehe** der Vater" (Johannes 6,44).* Und Jesus betet: *„Ich bitte für sie und nicht für die Welt, sondern für die, **die du mir gegeben hast**; denn sie sind dein" (Johannes 17,9).* Auch in Apostelgeschichte 13, Vers 48 lesen wir Ähnliches: *„Und alle wurden gläubig, die zum ewigen Leben **bestimmt** waren."* Auch Paulus ist ein Liebhaber der Erwählungslehre. In Kolosser 3, Vers 12 schreibt er beispielsweise: *„So zieht nun an als die **Auserwählten** Gottes, als die Heiligen und Geliebten, herzliches Erbarmen, Freundlichkeit, Demut, Sanftmut, Geduld."* Der Apostel Johannes kennt das Thema ebenfalls. Er spricht über *„... die auserwählte Frau" (2. Johannes 1,1; Sch 2000)* und meint damit die Gemeinde der Erlösten.

Für viele ist dieses Wort jedoch ein Reizwort. Darum kann ihrer Meinung nach die Bibel den Begriff „Erwählung" nicht wörtlich gemeint haben. Das würde aber bedeuten, daß Jesus nicht wirklich gemeint hat, was Er gesagt hat. Deshalb glaube ich, daß Jesus, Paulus, Johannes und Petrus und auch die Schreiber des Alten Testamentes meinten, was sie sagten und schrieben. Manche habe ich sagen hören: „Gott hat die ganze Welt erwählt." Aber Jesus sagt in Johannes 15, Vers 19, daß Er uns *„**aus** der Welt erwählt" (Sch 2000)* hat. Wenn ich dich nach deiner Verlobten oder nach deiner Frau frage: „Welches ist denn deine Erwählte?", zeigst du mir doch auch nicht alle Frauen der Welt, sondern nur deine Auserwählte. Und so hat Jesus auch eine Auserwählte, eine Braut.

Wir mögen davon halten, was wir wollen, aber wenn wir objektiv und fair mit der Bibel umgehen, müssen wir feststellen, daß sie überwältigend oft von der Auserwä. der Kinder Gottes vor Grundlegung der Welt spricht, z.B. hier: *„Wie er [Gott] uns in ihm [Christus]* ***auserwählt*** *hat* ***vor Grundlegung*** *der Welt ... und uns* ***vorherbestimmt*** *hat zur Sohnschaft durch Jesus Christus für sich selbst,* ***nach dem Wohlgefallen seines Willens****" (Epheser 1,4-5; Elb).* Und genauso beginnt nun auch Petrus seinen Brief. Es *gibt* also eine Erwählungslehre in der Bibel.

Der Umgang mit der Erwählungslehre

Nun lernen wir aus unseren beiden Eingangsversen des ersten Petrusbriefes aber auch, wie mit der Erwählungslehre umzugehen ist. Wie wir später noch sehen werden, benutzt Petrus sie als starken Trost für die zerstreuten Gotteskinder. Aber auf viele wirkt das Thema Vorherbestimmung so, als ob Gott willkürlich handeln würde. Oft kommt dann die Frage auf: „Was, wenn ich gar nicht erwählt bin?" Und schon gehen die Gedanken dieser Leute mit ihnen durch. „Also", sagen sie sich, „wenn alles schon längst feststeht, kann der Mensch ja nichts dazutun, um selig zu werden oder verlorenzugehen." Wer so etwas glaubt, kann sich nicht vorstellen, daß zwei Wahrheiten – nämlich die Wahrheit von der menschlichen Verantwortlichkeit und die Wahrheit von der souveränen Erwählung Gottes – nebeneinander wahr sein können. Deshalb konstruiert man sofort einen Widerspruch, den man natürlich sogleich auflösen möchte. Das geschieht dann gewöhnlich dadurch, daß man beiden Wahrheiten die ärgerliche Spitze abbricht. Man relativiert die biblischen Wahrheiten einfach und macht sie so intellektuell verträglicher.

Nehmen wir ein Beispiel für eine solche doppelte Wahrheit: die Person Jesu Christi. Er ist wahrer Mensch und wahrer Gott. Unser Verstand sagt natürlich: Wenn Er ganz und gar Mensch ist, kann Jesus nicht zugleich ganz und gar Gott sein. Und wenn Er hundert Prozent Gott ist, kann Er nicht zugleich hundert Prozent Mensch sein. Viele folgten nun ihrer menschlichen Logik und machten aus Christus einen Halbgott. Die Vermischung zweier Wahrheiten führte also zu einer der größten Irrlehren. Und so müssen wir auch die beiden biblischen Wahrheiten von der menschlichen Verantwortlichkeit und der Vorherbestimmung sauber voneinander getrennt stehen lassen. Darum haben wir auf der einen Seite zu predigen, daß der Mensch Buße tun muß, wenn er gerettet werden will, auf der anderen Seite aber auch, daß die Auserwählung der Grund dafür war, wenn er Buße getan hat.

Diese beiden Wahrheiten verhalten sich so ähnlich wie die beiden Seiten einer Münze. Beide Seiten muß man so stehen lassen, wie sie sind. Anstatt sich zu widersprechen, machen sie beide, getrennt voneinander, die Gültigkeit des Geldstückes aus. Genauso ist es mit den beiden Wahrheiten, daß einerseits der Mensch für sein Heil verantwortlich ist und andererseits doch nur Gott aufgrund Seiner freien Auswahl bestimmt, wer das Heil erhalten soll. Wenn ich also die eine Seite der „Münze" anschaue, lerne ich etwas über die Pflicht des Menschen, Gott zu glauben und sich zu bekehren; und wenn ich die andere Seite anschaue, lerne ich etwas über die souveräne Gnade Gottes, die Er Menschen nach Seiner freien und unabhängigen Entscheidung unverdient zukommen läßt. Und diese Seite zeigt Petrus seinen in Trübsal befindlichen Briefempfängern und erinnert sie an die große Güte und Barmherzigkeit ihres Herrn.

Ich will anhand eines biblischen Beispieles zeigen, wie man mit der Erwählungslehre am besten umgeht. In der Bibel finden wir die Geschichte von einer kanaanäischen Frau. Diese hatte ein schwer besessenes Töchterchen. Und obwohl sie eine Heidin war und – nach alttestamentlicher Sicht – nicht zu dem auserwählten Volk der Juden gehörte, kam sie dennoch zu Jesus und rief: *„Erbarme dich über* *mich, Herr, du Sohn Davids! Meine Tochter ist besessen" (Matthäus 15,22; Sch 2000).* Und was aı Jesus ihr? Er sagte: *„Ich bin nur gesandt zu den verlorenen Schafen des Hauses Israel" (Vers 24; Sch 2000).* Rigoroser konnte Er diese Frau nicht abweisen. Wie aber reagierte sie? Sie verzagte nicht, obwohl sie diesen Worten nach ja nicht erwählt und daher auch ausgeschlossen war. Sie kritisierte Jesus auch nicht, daß Er doch alle Menschen gleich behandeln müsse, weil Er ansonsten ja ungerecht wäre. Sie widersprach der Erwählungsbotschaft Jesu also nicht, aber sie fiel vor Ihm nieder, betete Ihn an und sagte: *„Ja, Herr; und doch essen die Hunde von den Brosamen, die vom Tisch ihrer Herrn fallen!" (Vers 27; Sch 2000).* Da erwiderte Jesus: *„Frau, dein Glaube ist groß; dir geschehe, wie du willst!" (Vers 28; Sch 2000).*

Zerbrich dir also nicht den Kopf über eine Lehre, die dein Verstand nicht fassen kann, sondern vertraue einfach dem Herrn, wie jene Frau es tat. Wirf dich Ihm zu Füßen, auch wenn alles dagegen spricht, daß Er dich annehmen könnte. Sage nicht: „Die Lehre ist falsch", sondern sage: „Herr, Du hast Recht, aber erbarme Dich meiner!" Du wirst sehen, daß Jesus dich annimmt und daß du ein Erwählter bist!

Auserwählung ist ein starker Trost

Der Apostel Petrus nennt die Empfänger seines Briefes *„Fremdlinge in der Zerstreuung".* Und er tröstet sie in ihrer Trübsal mit der biblischen Lehre von der Auserwählung: „Vergeßt in eurer Not nicht: Ihr seid auserwählt vor Grundlegung der Welt." Wahrscheinlich verzagten die Christen manchmal und zweifelten an der Liebe ihres Herrn und Seiner Treue. Ist uns Christen das nicht auch schon manchmal so gegangen? Ganz gewiß. Der Trost, den ich uns zusprechen kann, ist der Trost des Petrus: „Bedenke doch: Du bist auserwählt, ehe du geboren wurdest, ja sogar bevor die Engel geschaffen wurden. Wenn Gott dein ewiges Heil schon vor aller Zeit beschlossen hat, dann darfst auch du sicher sein, daß dein Heiland dich nicht vergißt. Er wird ganz gewiß an Seinem ewigen Beschluß festhalten." Erinnere dich zum Beispiel an die Worte aus Jeremia 31, Vers 3: *„Ich habe dich je und je geliebt."* Das heißt: „Ich habe dich von Ewigkeit her geliebt", *„darum habe ich dich zu mir gezogen aus lauter Güte."*

Diese Wahrheit ist mir persönlich auch zu einem gewaltigen Trost geworden. Eines Tages, als ich in tiefer Verzweiflung war, erlebte ich eine Offenbarung, die mich überwältigte. Es war mir, als wenn der Herr in etwa diese Worte sprach: „Wolfgang, ich sehe deine Zweifel. Aber dein Heil ruht nicht auf deinem schwankenden Wollen oder Nichtwollen. Dein Heil gründet sich nicht auf deine guten Gefühle, die dich jetzt alle verlassen haben, sondern dein Heil beruht auf Meinem ewigen Beschluß. Deine Seligkeit wurde nicht von dir entschieden, nein, sondern von Mir vor ewigen Zeiten." Ich fiel nieder auf mein Angesicht. Ich habe geweint und geweint – vor Freude natürlich. Als ich aufstand, war ich ein anderer Mensch. Gott hatte mir klargemacht, wie gewiß und sicher mein Heil war. Das nahm mir alle Selbstzweifel und alle Sorgen. Ich hatte auf meinem Angesicht gelernt, daß meine angstvolle Seele in der ewigen und unveränderlichen Erwählung Gottes ruhte und ich mich nicht mehr fürchten mußte.

Das war auch der Gedanke, der Petrus für die Zerstreuten bewegte. Ja, in der Lehre von der Erwählung liegt wahrhaftig ein starker Trost!

Die Basis der Erwählung

Petrus erklärt uns nun auch die Basis der Erwählung. Er sagt nämlich, daß sie erwählt sind *„gemäß der Vorsehung Gottes, des Vaters"*. Das ist Petrus wichtig. Denn auch heute meinen viele, daß „Vorsehung" Gottes nur „Vorauswissen" Gottes bedeute. Man sagt dann einfach: „Weil Gott voraussieht, daß eines Tages ein Mensch positiv und glaubend auf das Evangelium reagiert, darum erwählt ihn Gott." Das wäre Erwählung als Belohnung für positives Verhalten, für eine gründliche Bekehrung also. Aber die Bibel lehrt von vorn bis hinten, daß Glaube und Bekehrung nicht ein Werk sind, das von Menschen stammt, sondern von Gott. Denn Jesus ist der *„Anfänger und Vollender des Glaubens" (Hebräer 12,2).*

Darum schrieb auch der Erweckungsprediger Spurgeon: „Was sah Gott denn voraus in bezug auf meinen Glauben? Sah Er voraus, daß ich von mir selbst aus Glauben haben würde? Nein, Christus konnte das nicht voraussehen, denn kein Christ kann jemals sagen, daß der Glaube von ihm selber komme."[1] Die Erwählung geschieht also nicht aufgrund des Vorauswissens Gottes, was *ein Mensch* einmal bezüglich seines Heils tun wird, sondern aufgrund des Vorauswissens, was *Gott selbst* einmal im Menschen tun wird. Unter diesem Gesichtspunkt kann man Gottes Vorsehung auch gern als Vorauswissen oder Vorkenntnis Gottes bezeichnen. Aber im Kern bleibt es dasselbe: Gott handelt so mit einem Menschen, wie Er es vor ewigen Zeiten einmal beschlossen hat.

Das war Petrus wichtig. Er wollte das wahre Wesen biblischer Erwählung klarstellen. Sie gründet sich nicht auf das, was *wir* wollen, sondern auf das, was *Gott* will. Darum sagt auch Paulus: *„Die wir vorherbestimmt sind nach dem Vorsatz dessen, der alles wirkt nach dem Ratschluß seines Willens" (Epheser 1,11; Sch 2000).*

---

[1] Charles H. Spurgeon. Alles zur Ehre Gottes – Autobiographie. Oncken-Verlag, Wuppertal, 1984. S. 99 (aus dem Kapitel „Plädoyer für den Calvinismus")

Gottes Mittel in der Erwählung

Petrus erklärt nun auch, welche Mittel Gott benutzt, die Erwählung eines Menschen in der Zeit zu realisieren: *„... die auserwählt sind gemäß der Vorsehung Gottes, des Vaters, in der Heiligung des Geistes“ (1. Petrus 1,2; Sch 2000).* Heiligung heißt Absonderung. Somit bedeutet Heiligung des Geistes das konkrete göttliche Herausholen eines von Ewigkeit her erwählten Menschen durch Bekehrung, Buße und Glaube. Und so verstehe ich auch meinen Verkündigungsdienst. Gott hat mich gesandt, die Erwählten Gottes herauszurufen. Der Heilige Geist packt dann ihre Herzen so, daß sie sich dem Ziehen der Liebe Gottes ergeben. Das ist Heiligung des Geistes.

Ein Christ gab während einer Bahnfahrt seinem Gegenüber ein Neues Testament. Als er ausgestiegen war, feuerte der ungläubige Mensch das Testament aus dem fahrenden Zug. Dabei fiel es vor die Füße eines Lebensmüden, der sich vor den nächsten Zug werfen wollte. Dieser hob das Testament verdutzt auf, und seine Augen fielen auf ein Wort, das tief in seine verzweifelte Seele fiel. Er ging hin und bekehrte sich und lebte. Wie geheimnisvoll und doch zielgenau sind die Wege der erwählenden Gnade! Dieses Beispiel zeigt, was Petrus meint, wenn er sagt: *„Erwählt gemäß der Vorsehung Gottes, durch die Heiligung des Geistes.“* So war es auch mit dem Kerkermeister, mit der Lydia oder dem Kornelius, ja mit allen Gotteskindern. Eines Tages erlebten sie die Heiligung des Geistes aufgrund ihrer ewigen Erwählung.

Es kann sein, daß Menschen von irgendwoher in die ARCHE kommen und nicht wissen, daß der Herr in einem solchen Gottesdienst die Heiligung des Geistes an ihnen vollzieht und sie zu Seinem ewigen Besitztum aussondert. So hat Gott durch die Heiligung des Geistes auch in deinem Leben realisiert, was Er aus freier Gnade einmal im Himmel für dich beschlossen hatte. Zunächst denkst du: „Ich habe mich bekehrt, ich habe geglaubt, ich habe Buße getan.“ Aber wenn du dann später in der Bibel auf die Erwählungslehre stößt, stellst du fest, daß du das zwar alles getan hast, aber nur aufgrund der gnädigen Wirkungen des Heiligen Geistes, der dein Herz überwand und dich zur Bekehrung bewegte.

Das Ziel der Erwählung

Petrus erklärt uns in 1. Petrus 1, Vers 2 auch noch das Ziel der Auserwählung. Er sagt: *„... auserwählt ...* ***gemäß*** *der Vorsehung Gottes“ (Sch 2000), „****durch*** *die Heiligung des Geistes; ...* ***zum*** *Gehorsam und zur Besprengung mit dem Blut Jesu Christi“.* Die Auserwählung Gottes führt also niemals zur Lethargie nach dem Motto: „Prima, ich bin vorherbestimmt und auserwählt, also lebe ich, wie ich will, mir kann ja nichts passieren.“ Wer so redet, kann überhaupt gar kein Christ sein. Das widerspricht dem Heiligen Geist, der ja der Geist der Heiligung ist. Das widerspricht auch dem Wesen der Auserwählung. Mit ihr geht die heiligende Kraft einher, die Menschen Gott und Seinem Wort gegenüber gehorsam macht.

Und darum schreibt auch Paulus: *„Denn in ihm [Christus] hat er uns erwählt, ehe der Welt Grund gelegt war, daß wir heilig und untadelig vor ihm sein sollten“ (Epheser 1,4).* Auserwählung und ein geheiligtes Leben gehören also untrennbar zusammen. Die Auserwählten Gottes lieben Seine Gebote, sie sind nicht gleichgültig und weltlich gesinnt, sondern sehnen sich nach Reinheit. Und sie haben ein gehorsames Herz, denn sie sind zum Gehorsam erwählt. Wenn du einen Menschen triffst, der Jesus liebt, hungrig nach Gottes Wort ist und dringend Seinen Willen tun möchte, der gerne betet und Gemeinschaft mit Gläubigen hat, kannst du sicher sein, daß du einen Auserwählten Gottes vor dir hast. Denn der Geist des Gehorsams und der Heiligkeit wohnt in ihm. Und ohne Ihn gibt es keine Erwählung.

Aber dann heißt es auch noch: *„Erwählt zur Besprengung mit dem Blut Jesu Christi."* Gehorsam und Besprengung. Die Auserwählten Gottes sind nach wie vor keine vollkommenen Menschen, sondern sie sind fehlbar und zur Sünde fähig. Aber sie leben kraft des vergossenen Blutes Jesu aus der Vergebung. Ihr Gehorsam, zu dem sie erwählt sind, braucht diese Vergebung. Denn sie fallen immer wieder in Sünde. Aber durch das Blut Jesu Christi leben die Auserwählten in der Gewißheit ihres Heils. Das teure Blut unseres Herrn, das Er am Kreuz von Golgatha vergossen hat, ist es, das uns das ewige Heil, das Gott uns von Ewigkeit her zugedacht hat, sichert und garantiert. Wir sind von A bis Z in den Armen unseres Herrn geborgen.

Darum lautet meine Frage: Sehnst du dich nach deinem Gott, hast du Hunger nach Seinem Wort, liebst du Gehorsam und Reinheit des Herzens? Möchtest du Jesus glauben und vertrauen und dein ganzes Leben in Seiner Hand wissen? Dann kann ich dir gute Nachricht bringen: Du bist ein Auserwählter Gottes! Alle diese deine Regungen hättest du nicht, wenn sie nicht Gott selbst durch die Heiligung des Geistes in dein Herz hineingelegt hätte.

Auf die Neugeburt kommt es an

„Gelobt sei Gott, der Vater unseres Herrn Jesus Christus, der uns nach seiner großen Barmherzigkeit wiedergeboren hat zu einer lebendigen Hoffnung durch die Auferstehung Jesu Christi von den Toten, zu einem unvergänglichen und unbefleckten und unverwelklichen Erbe, das aufbewahrt wird im Himmel für euch." *(1. Petrus 1,3-4; lies 1-12)*

Der Apostel Petrus hat uns in seinen ersten beiden Versen das Thema der Auserwählung nahegebracht. In den beiden folgenden Versen 3 und 4 bringt er ein neues Stichwort, nämlich „wiedergeboren" sein. Deshalb geht es nun zunächst um die Frage:

Was bedeutet biblische Wiedergeburt?

Jesus sagt ein sehr klares Wort in Johannes 3, Vers 3: *„Wahrlich, wahrlich, ich sage dir: Wenn jemand nicht von neuem geboren wird, kann er das Reich Gottes nicht sehen" (Elb).* Obwohl Nikodemus ein theologischer Lehrer in Israel war, konnte er mit diesen Worten nichts anfangen. Deshalb tadelt Jesus ihn: *„Du bist der Lehrer Israels und weißt das nicht?" (Vers 10; Elb). „Von neuem geboren sein"* ist für unseren Herrn ein äußerst entscheidendes Thema, und Er mißbilligt deshalb auch sehr bestimmt, daß ein geistlicher Leiter wie Nikodemus nicht weiß, was darunter zu verstehen ist.

Ich befürchte, daß das in unserer Zeit genauso ist. Wo wird noch über das Thema „Wiedergeburt" gepredigt? In der Bibel sprechen Jesus, Paulus, Petrus, Johannes und auch Jakobus von der Wiedergeburt – und wer spricht heute davon? Aber wenn wahr ist, was unser Herr Jesus Christus sagt, daß niemand das Reich Gottes sehen kann, es sei denn, er hat die neue Geburt erfahren, dann muß man doch über ein solches Thema reden! Oder halten wir die Worte unseres Herrn Jesus für überflüssig? Wenn wir aber an die

Autorität des Sohnes Gottes glauben, haben wir die Pflicht, auch über dieses Thema, das heilsentscheidend für jeden Menschen ist, zu sprechen. Deshalb sprach Petrus darüber, und auch ich will darüber reden. Denn auf die Neugeburt kommt es an!

Sie ist allerdings keine Reinkarnation, wie es in fernöstlichen Religionen und anderswo gelehrt wird: Du bist geboren, dann stirbst du, dann wirst du wiedergeboren und kommst als Tier oder irgendein anderes Wesen erneut auf die Welt. Nein, das ist nicht, wovon die Bibel redet. Jesus sagt es so: *„Was aus dem Fleisch geboren ist, das ist Fleisch, und was aus dem Geist geboren ist, das ist Geist" (Johannes 3,6; Elb).* Jesus spricht hier zwei verschiedene Ebenen des Lebens an. Die eine ist die Ebene des natürlichen Lebens und die andere ist die Ebene des geistlichen Lebens. Das natürliche Leben wird durch das „Fleisch" weiter gezeugt, das geistliche Leben jedoch wird nicht durch den Menschen, sondern durch Gott selbst im Menschen gezeugt.

Den Vorgang der Zeugung und Geburt des natürlichen Leibes kennen wir. Aber was geschieht, wenn ein Mensch durch den Heiligen Geist gezeugt bzw. geboren wird? Gott pflanzt Anteile Seines eigenen Wesens in uns hinein. Das griechische Wort, das in all den Passagen, in denen die Bibel von der Wiedergeburt spricht, gebraucht wird, heißt „**gen**nao". Daher kommt das uns heute sehr bekannte Wort „Gen". Es sind also göttliche Gene, die in uns hineingegeben werden. Gott erzeugt in einem Menschen Seine göttliche Art.

Petrus spricht davon, daß ein solcher Mensch *„Anteil bekommt an der göttlichen Natur" (2. Petrus 1,4).* Ein wiedergeborener Christ bleibt selbstverständlich Mensch, aber er erhält Anteile des göttlichen Wesens. Und das hat zur Folge, daß der Mensch eine völlig neue Veranlagung bekommt. Er wird sozusagen neu erschaffen und erhält ein ganz neues Wesen. Dadurch verändern sich natürlich auch seine Neigungen, Wünsche und Ziele.

Die Natur des gefallenen, nicht wiedergeborenen Menschen besteht im wesentlichen darin, daß er grundsätzlich allem Göttlichen abgeneigt ist. Paulus sagt in Römer 8, Vers 7, daß *„die Gesinnung des Fleisches Feindschaft gegen Gott ist“*. Das heißt, jeder geistlich nicht erneuerte Mensch ist gegen seinen Schöpfer und Erlöser eingestellt. Das merkt man schon bei Kindern. Wenn meine christlichen Eltern mit mir Andacht halten wollten, war ich jedesmal froh, wenn das Bibellesen und Beten vorbei war. „Amen“ war für mich das schönste Wort. Ich wollte wieder raus zum Fußball. Ich wollte lieber etwas anderes machen, als religiös und fromm zu sein. So ist es mit allen Menschen, die nicht wiedergeboren sind. Wenn sie aus Versehen einmal in einem Gottesdienst gelandet sind, ist das Schönste für sie sein Ende, das sie kaum abwarten können. Diese Haltung spiegelt die generelle Anlage der Natur des gefallenen Menschen wider. Er liebt die Bibel nicht und will auch Gottes Gebote nicht hören – selbst dann nicht, wenn er ansonsten ein recht netter und redlicher Mensch ist.

In der Wiedergeburt kommt nun der Herr auf geheimnisvolle und souveräne Weise zu einem Menschen und stellt diese antigöttliche Veranlagung um. Ich habe einmal einen Kompaß als Illustration gebraucht. Egal, wo du mit dem Kompaß bist – auf Bergen, in Tälern, auf der Erde, in der Luft, im Wasser, im Sommer oder im Winter, bei Tag oder bei Nacht – er zeigt immer in die gleiche Richtung, immer zum Nordpol. Und genauso ist es mit dem natürlichen Menschen. Sein innerer Kompaß zeigt auch immer in dieselbe Richtung, nämlich zur Sünde. Dahin geht automatisch seine Neigung. Wenn jetzt aber der Heilige Geist kommt, wird die Kompaßnadel umgestellt. Die innere Neigung des Betreffenden erhält durch das übernatürliche Eingreifen Gottes eine entgegengesetzte Richtung. Wenn Menschen von neuem geboren sind, lieben sie auf einmal Gottes Gebot und hassen die Übertretung. Jetzt können sie gar nicht genug von Gottes Wort bekommen, und Beten ist ihnen eine Freude.

Deswegen ist es Unfug, wenn jemand sagt: „Ich bin zum Christentum übergetreten.“ Christ wird man nicht durch Übertritt, sondern Christ wird man durch eine neue Geburt. Deshalb sagt Petrus den versprengten und leidenden Gotteskindern: „Tröstet euch, ihr seid auserwählt und wiedergeboren zu einer lebendigen Hoffnung.“

Nicht aufgrund einer Willensentscheidung, sondern aufgrund eines göttlichen Neuerschaffens wirst du ein Christ. Die neue Geburt ist die Wiederherstellung des Ebenbildes Gottes. Der Mensch hat ja durch den Einbruch der Sünde einen großen Teil seiner Ebenbildlichkeit mit Gott verloren. Wenn man sich den gefallenen Menschen in seiner Sündhaftigkeit, in seiner Gemeinheit, Betrügerei und Unzucht anschaut, kann man nicht mehr pauschal sagen: „Siehe, da ist das Ebenbild Gottes.“ Das war einmal so. Ich gebrauche gerne das Bild einer Ruine. An ihr kannst du erkennen, was einmal war, aber gleichzeitig auch, daß nicht mehr ist, was ursprünglich sein sollte. Deswegen hat uns Gott Seinen Sohn gesandt, das gültige Ebenbild des Vaters. In der Wiedergeburt nun pflanzt uns Gott Sein Ebenbild wieder ein, nämlich das Wesen Christi, Seinen Charakter, Seine Natur, *„den neuen Menschen, der nach Gott geschaffen ist“ (Epheser 4,24)*, so schreibt es Paulus wörtlich.

Eine Christin hatte über viele Jahre eine schreckliche Ehe mit einem ungläubigen Mann zu durchleben. Er trieb sich als erfolgreicher Manager in Hotels herum und pflegte auf diese Weise wechselnde Beziehungen zu anderen Frauen. Er erzählte seiner Ehefrau auch ganz offen davon und quälte sie so auf zynische Weise. Er meinte zu wissen, daß sie sich als christliche Frau wohl nicht scheiden lassen würde, sondern für ihn obendrein noch betete. Aber nach vielen

Jahren solcher Demütigung fragte der Mann eines Tages ganz unverhofft seine Gattin: „Nimmst Du mich heute einmal mit in Deine Gemeinde?“ „Was ist denn jetzt geschehen?“, dachte die Christin. Der Mann fing an, sich auch zu Hause für die Bibel zu interessieren, übernachtete nicht mehr so oft in Hotels, sondern kam viel häufiger nach Hause. Dann bat er seine Frau sogar, doch mit ihm gemeinsam zu beten. Er bekannte seine Sünde und bat seine Frau und auch Jesus Christus um Verzeihung. Woher war diese dramatische Veränderung gekommen? Die Frau sagte zu ihrem Pastor ganz einfach: „Ich glaube, mein Mann ist von neuem geboren.“ Ja, und so war es auch.

Wo, wann und auf welche Weise diese Veränderung ihren Anfang nahm, kann kein Mensch genau sagen. Das bleibt Gottes Geheimnis. Vielleicht fing es mit einem Buch an, einem Erlebnis, einem Gespräch, einem Traum oder auch mit der bewundernswerten Liebe seiner Frau. Auch das Datum der Wiedergeburt ist nicht unbedingt bekannt, aber wichtig ist, daß geistliches Leben vorhanden ist. Das ist Beweis genug für die neue Geburt.

Warum schenkt Gott die Wiedergeburt?

Nun erzählt uns Petrus auch noch, aus welchem Grund Gott die neue Geburt verleiht. Er sagt: *„Gelobt sei der Gott und Vater unseres Herrn Jesus Christus, der uns **aufgrund seiner großen Barmherzigkeit** wiedergeboren hat“ (1. Petrus 1,3; Sch 2000).* Petrus stimmt also einen wunderbaren Lobpreis darüber an, daß Gott uns aufgrund Seiner großen Barmherzigkeit wiedergeboren hat. Viele beschränken Gottes Barmherzigkeit nur auf den sozialen Bereich. Wenn Gott sich z.B. der Armen erbarmt, nennt man Ihn barmherzig. Aber Petrus spricht hier von einer anderen Barmherzigkeit, nämlich von der großen Barmherzigkeit Gottes, die sich immer dann offenbart, wenn ein Mensch von neuem geboren wird.

Das wahre und wirkliche Elend des Menschen besteht nicht in seinen sozialen Nöten, sondern in seiner Sündhaftigkeit. Seine ihm angeborene Wesensart zwingt ihn zur Sünde. Aufgrund seiner Veranlagung liebt er sie sogar. Auch ein Maulwurf liebt aufgrund der Anlage seiner Natur das Wühlen in der dunklen Erde. Wie sollte er sich daraus befreien können, um sich mit den Vögeln in die Höhen der Lüfte aufzuschwingen? Weil er durch seine Veranlagung in sich selbst gefangen ist, muß er bleiben, was er ist – es sei denn, daß ihm von außen das Wesen eines Vogels eingepflanzt würde. Genauso ist der Mensch durch sein sündhaftes Wesen in sich selbst gebunden. Nur wenn Gott ihn von oben her wesensmäßig umstellt, ist er frei zu einer neuen Orientierung. Das große Erbarmen Gottes besteht also darin, daß Er aus Seiner absolut freien Gnade in den Lebenskern eines Menschen eingreift und ihn so aus der Gefangenschaft in sich selbst herausholt.

Paulus schreibt: *„Aber Gott, der reich ist an Barmherzigkeit, hat ... auch uns, die wir tot waren in Sünden, mit Christus lebendig gemacht“ (Epheser 2,4-5).* Paulus schildert die Wiedergeburt hier als eine Art Totenauferweckung. Was kann ein Toter tun, um sich selbst zum Leben zu erwecken? Nichts! Er bräuchte die Barmherzigkeit eines Mächtigen, der aus den Toten auferwecken kann. So muß auch die große Barmherzigkeit Gottes verstanden werden, die nötig ist, um einen geistlich toten Menschen zu göttlichem Leben zu erwecken. Darum nennt der Apostel Paulus die Wiedergeborenen auch *„Gefäße der Barmherzigkeit, die er [Gott] zuvor bereitet hatte zur Herrlichkeit“ (Römer 9,23).*

Damit kommen wir zu der entscheidenden Frage: Bist du wiedergeboren zu einer lebendigen Hoffnung? Wenn du Zweifel hast, rufe zu Jesus, daß Er dir göttliches Leben schenken möge.

Welches Ziel hat die Wiedergeburt?

Nun geht Petrus noch weiter und erklärt, zu welchem Ziel die Wiedergeburt geschieht. Er schreibt: Ihr seid *„wiedergeboren **zu** einer lebendigen Hoffnung ...“* und *„**zu** einem unvergänglichen und unbefleckten und unverwelklichen Erbe, das aufbewahrt wird im Himmel für euch“ (1. Petrus 1,3-4).* Die Neugeburt hat also ein Ziel, eine Bestimmung. So wie ein Vogel zum Fliegen geboren ist, ist ein Christ zur Hoffnung wiedergeboren. Lebendige Hoffnung ist seine neue Natur, seine neue Lebensart. Eine tote Hoffnung ist z.B., wenn du durch dich selbst vor Gott bestehen willst in der Hoffnung, daß Er mit all dem Guten, das du getan hast, wohl zufrieden sein wird. Mit dieser Hoffnung wirst du aber zuschanden werden. Die lebendige Hoffnung wird aber nicht zuschanden werden, denn sie gründet sich nicht auf das, was du tust, auf deine guten Werke und deine Anständigkeit, sondern auf die Gerechtigkeit und das vollkommene, heilige Leben, das Christus vor dem Vater gelebt hat. Dieses Sein verdienstvolles Leben schenkt Er dir, überträgt Er auf dich durch den Glauben. Dann hast du eine lebendige Hoffnung, denn du verläßt dich nicht mehr auf dich selbst, sondern auf Jesus Christus, der deine Gerechtigkeit vor Gott geworden ist. Das ist das Evangelium, das ist lebendige Hoffnung. Und die Begabung zu dieser Hoffnung wird dir in die Wiege deiner neuen Geburt mit hineingelegt. Ohne sie hast du keine Fähigkeit zu dieser sicheren Hoffnung.

Nun wird von Petrus noch ein zweites Ziel angegeben. Wir werden auch wiedergeboren zu einem ewigen, unvergänglichen und unbefleckten Erbe. Das heißt, durch die Wiedergeburt haben wir die Kraft zu einem Gott wohlgefälligen Leben erhalten, und das befähigt uns, unser im Himmel aufbewahrtes Erbe anzutreten: *„Sind wir aber Kinder, so sind wir auch Erben, nämlich Gottes Erben und*

Miterben Christi" (Römer 8,17). Welch eine Hoffnung und Zukunft haben doch wiedergeborene Menschen!

Welches Mittel wendet Gott für die Wiedergeburt an?

Petrus spricht jetzt auch noch von dem Mittel, das Gott zur Neugeburt eines Menschen anwendet. Er sagt, daß sie *„durch die Auferstehung Jesu Christi"* geschieht. Und sie geschieht durch die Kraft des Heiligen Geistes. Petrus will also sagen, daß die Wiedergeburt durch dieselbe Kraft geschieht, durch die auch Jesus aus den Toten auferweckt wurde. Daran können wir erkennen, welch ein gewaltiges Werk Gottes die Wiedergeburt ist. Sie ist gleichgesetzt mit der Auferstehung Christi. Die Neugeburt ist, ebenso wie die Auferstehung des Herrn, Leben aus dem Tod.

Aber Petrus erwähnt in demselben Kapitel noch ein anderes Mittel, das Gott zur Wiedergeburt eines Menschen gebraucht: *„Denn ihr seid wiedergeboren nicht aus vergänglichem, sondern aus unvergänglichem Samen durch das lebendige Wort Gottes, das in Ewigkeit bleibt" (1. Petrus 1,23; Sch 2000).* Der auferweckende und Leben schaffende Heilige Geist bedient sich also des lebendigen Wortes. Erinnert euch an die ersten Worte in der Heiligen Schrift: *„Und Gott sprach: Es werde Licht! Und es ward Licht" (1. Mose 1,3).* Die Schöpfung geschah schlicht, aber machtvoll **durch das Wort** des Herrn. Am Grabe des Lazarus haben wir eine ähnliche Situation. Jesus ruft: *„Lazarus, komm heraus!" (Johannes 11,43).* Und Lazarus kam. Er kam nicht aufgrund freier Entscheidung, sondern aufgrund des Vollmachts**wort**es Gottes.

Und genauso ist es bei der Bekehrung eines jeden Menschen. Sie kommt durch das wirksame, lebendigmachende Wort Christi zustande. Der Hauptmann zu Kapernaum kam wegen seines kranken Knechtes zu Jesus und sagte zu Ihm: *„Herr, ich bin nicht wert, daß du unter mein Dach gehst, sondern sprich **nur ein Wort**, so wird mein Knecht gesund"*

(Matthäus 8,8). Wir erinnern uns auch an den mißlungenen Fischzug der Jünger. Aber Jesus ermutigte sie, noch einmal hinauszufahren. Petrus gehorchte dem Herrn und sagte: *„... aber **auf dein Wort** will ich die Netze auswerfen!" (Lukas 5,5).*

Jesus sagt über Sein Wort grundsätzlich: *„Die Worte, die ich zu euch geredet habe, die sind Geist und Leben" (Johannes 6,63).* Das Wort Gottes ist also die Kraft, durch die das Wunder der Neugeburt geschieht. Deswegen ist meine Frage: Warum setzen Prediger und Pastoren und Kirchen nicht auf dieses lebendige Wort? Warum schauen sie zu, wie die Kirchen immer leerer werden und ihnen die Menschen in Scharen davonlaufen? Und dabei wäre nur eines nötig, nämlich in Treue und Glauben das Wort Gottes zu verkündigen. Alle modernen Tricks und Methoden, mit Krampf die Leute in der Kirche halten zu wollen, könnten unterbleiben. Petrus gibt uns deshalb den Rat, nicht zu vergessen, daß die Wiedergeburt durch das Mittel des Wortes Gottes geschieht, das ewig bleibt.

Auch Billy Graham liebte in seinen Predigten den Satz: „The Bible says" – „die Bibel sagt!" Sein Kommentar dazu: „Es war mir wie wenn ich ein Schwert in der Hand hätte und durch die Kraft der Bibel damit mitten in das Gewissen der Menschen traf und sie auf diese Weise zur Übergabe an Christus führte. ... Ich merkte, daß die Bibel zu einem Feuer in meinen Händen wurde. Dieses Feuer schmolz den Unglauben in den Herzen der Leute weg und brachte sie zur Entscheidung für Christus. Das Wort wurde zu einem Hammer, der die steinernen Herzen aufbrach und sie in die Ähnlichkeit Gottes umgestaltete."[2] Genau das sagt auch die Bibel. *„Denn das Wort Gottes ist lebendig und kräftig und schärfer als jedes zweischneidige Schwert und dringt durch, bis es scheidet Seele und Geist, auch Mark und Bein,*

[2] Billy Graham. Das sagt die Bibel. Dynamis-Verlag: Baden (CH), 1977. S. 50

und ist ein Richter der Gedanken und Sinne des Herzens" (Hebräer 4,12).

Ich habe ähnliche Erfahrungen gemacht wie Billy Graham. Oft waren es nur einzelne Bibelworte in meiner Predigt, die bei meinen Zuhörern hängenblieben. Später bekannten sie mir: „Das Wort hat uns so getroffen!" Unser Herr hat im vorhinein schon eine Art „Magnetplatte" in die Herzen Seiner Auserwählten installiert. Und wenn dann das Wort Gottes zu ihnen kommt, wirkt es wie Metall, das die Magnetplatte anzieht. Und so haften Wort und Herz aufeinander – und die Wiedergeburt ist geschehen. Darum setze ich auf die Heilige Schrift. Ich vertraue ihr Wort für Wort. Und so dürfen wir auch ihre Kraft in der Errettung vieler Menschen sehen. Paulus sagt: *„Nehmt das Schwert des Geistes, welches ist das Wort Gottes" (Epheser 6,17).* Das will ich tun. Tue auch du es! In Jesu Namen.

Christ und Traurigkeit

„Dann werdet ihr euch freuen, die ihr jetzt eine kleine Zeit, wenn es sein soll, traurig seid in mancherlei Anfechtungen, damit euer Glaube als echt und viel kostbarer befunden werde als das vergängliche Gold, das durchs Feuer geläutert wird, zu Lob, Preis und Ehre, wenn offenbart wird Jesus Christus."

(1. Petrus 1,6-7; lies 1-12)

Petrus spricht in diesen beiden Versen von dem Glauben, der seine Anfechtungen hat. Aber bevor er näher darauf eingeht, macht er zuerst klar:

Der Glaube freut sich

Petrus beginnt unsere beiden Verse mit den Worten: *„Dann werdet ihr frohlocken" (Sch 2000).* Er hatte seinen Briefempfängern in der Zerstreuung zugerufen: „Ihr seid erwählt!" „Ihr seid wiedergeboren!" „Ihr seid Erben eines unvergänglichen Erbes!" „Ihr werdet bewahrt werden aus Gottes Macht!" Und darum fährt er fort und sagt: „Ihr werdet frohlocken!"

Der Glaube an Gottes Verheißungen macht Menschen fröhlich. Glaubende haben immer Grund zur Freude. Zum Beispiel ruft David in Psalm 16 aus: *„... vor dir ist Freude die Fülle und Wonne zu deiner Rechten ewiglich"(Vers 11).* Christsein ist also nicht graue Trostlosigkeit, sondern Freude im Überfluß, Jubel, Frohlocken und Glücklichsein. Ähnlich spricht auch Jesus: *„Das sage ich euch, damit meine Freude in euch bleibe und eure Freude vollkommen werde" (Johannes 15,11).* Jesus hat also eine wunderbare Freude, die Er auch uns gegeben hat. Petrus nennt sie eine *„unaussprechliche"* und *„herrliche Freude" (1. Petrus 1,8).*

Deshalb mein Tip: Möchtest du wahre und unvergängliche Freude, dann werde Christ. Dann bekehre dich! Glaube an den Herrn Jesus Christus, so wirst du gerettet, und dein Herz wird voller unaussprechlicher und herrlicher Freude sein.

Der Glaube gerät auch unter Druck

Petrus sagt nämlich: *„Dann werdet ihr frohlocken, die ihr jetzt eine kurze Zeit, wenn es sein muß, traurig seid in mancherlei Anfechtungen."* Obwohl fröhlich in Hoffnung, kommt also auch zu Christen Anfechtung und, damit verbunden, Traurigkeit. Wer sagt, daß Christen niemals betrübt, niemals niedergeschlagen und mutlos sind, der spricht nicht die Wahrheit. Christen stecken ihre Glaubensprüfungen auch nicht einfach so weg. Sie sind nicht eiskalte, gefühllose Roboter Gottes, immer nur obenauf.

Aber wie paßt das zusammen mit der Freude? Petrus sagt: *„Ihr sollt frohlocken, die ihr eine kurze Zeit traurig seid in mancherlei Anfechtungen."* Ich habe gehört, daß es im Meer mitunter gegenläufige Strömungen gibt. Die obere Wasserschicht zieht in die eine Richtung und die untere genau in die andere. So glaube ich, daß es kein Paradox ist, wenn Christen in den „oberen" oder „äußeren" Schichten ihres Seins tief traurig und entmutigt sind, während der Grundstrom ihrer Seele zugleich Freude im Heiligen Geist ist.

Das sehen wir zum Beispiel auch bei Jesus. Als Lazarus gestorben war, berichtet uns die Bibel ganz offen über die Traurigkeit Jesu. Denn Er hatte Seinen guten Freund verloren, den Er doch so lieb hatte. Deshalb *„seufzte er im Geist" (Johannes 11,33; Sch 2000).* Die Bibel berichtet auch, daß Er *„weinte" (Vers 35; Elb).* Aber tief in Seinem Herzen war gleichzeitig eine Hoffnung vorhanden. Er wußte ja, was Er tun wollte. Er sah also nicht nur den Augenblick und blieb darin hängen, sondern Er sah das Ganze, das Zukünftige, die Auferstehung. Und das hat Jesus trotz der Traurigkeit freudig gemacht.

Ähnlich ergeht es auch Christen, wenn ihre gläubigen Angehörigen sterben. Im Augenblick des Todes sind sie betrübt und voller Schmerz. Aber zugleich freuen sie sich auf ein Wiedersehen in der Herrlichkeit. Das unterscheidet unsere Beerdigungen von den Beerdigungen ungläubiger, hoffnungsloser Menschen. Nein, es ist nicht so, daß Christen niemals traurig sind. Wir erleiden Schmerz, Anfechtung und Enttäuschung. Aber das ist nur die eine „Strömung". Die tiefere, mächtigere „Strömung" ist die bleibende, ewige Grundfreude in Jesus Christus, unserem Herrn.

Erinnern wir uns an den Garten Gethsemane. Dort sagte Jesus zu Seinen Jüngern: *„Meine Seele ist tief betrübt bis zum Tod" (Matthäus 26,38; Sch 2000).* Seine Seele war angefochten, und Ihm war äußerst bange. Und dennoch überlagerte das Wissen von Seiner bevorstehenden Auferstehung Seinen Schmerz. Immer wieder hatte Jesus von dem Tempel gesprochen, der abgerissen, aber nach drei Tagen wieder aufgerichtet werden würde. So erleben auch Christen Traurigkeit, aber sie sind ihr nicht ausgeliefert, sondern sie frohlocken im Bewußtsein ihres ewigen Erbes.

Der Herr gibt ein schönes Bild von christlicher Traurigkeit: *„Eine Frau, wenn sie gebiert, so hat sie Schmerzen, denn ihre Stunde ist gekommen. Wenn sie aber das Kind geboren hat, denkt sie nicht mehr an die Angst um der Freude willen, daß ein Mensch zur Welt gekommen ist" (Johannes 16,21).* Genauso dürfen wir die Traurigkeit der Gotteskinder einordnen. Deshalb: Verzagt nicht, sondern erkennt, daß Trübsal und Leid zum christlichen Leben dazugehören und daß christliche Traurigkeit – im Gegensatz zur Traurigkeit der Welt – immer einen Sinn und ein Ziel hat, nämlich:

Die Bewährung des Glaubens

Darum sagt Petrus: *„... die ihr jetzt eine kurze Zeit, wenn es sein muß, traurig seid in mancherlei Anfechtungen, da-*

mit ***die Bewährung eures Glaubens*** *Lob, Ehre und Herrlichkeit zur Folge hat."* Der Hebräerbrief gibt uns zu diesem Thema ein wichtiges Wort. Er sagt: *„Jede Züchtigung aber, wenn sie da ist, scheint uns nicht Freude, sondern Leid zu sein; danach aber bringt sie als Frucht denen, die dadurch* ***geübt*** *sind, Frieden und Gerechtigkeit" (Hebräer 12,11).* Es geht also um **Übung**. Er sagt: *„Die* ***dadurch geübt*** *sind."* Und wenn ich an das Üben denke, fällt mir gleich die Schule ein. Oder auch ein sportlicher Wettkampf. Ich war in der Schule ein guter Sprinter. Wenn es unter den Hamburger Schulen zu Wettkämpfen kam, hielt mein Sportlehrer mich und auch einige andere gute Läufer vorher fest und machte mit uns Sonderübungen. Während die anderen schon Freizeit hatten und Pommes und Currywurst essen konnten, mußten wir hart trainieren. Aber wenn wir dann gewonnen hatten und auf dem Siegerpodest standen, war die Freude riesengroß – und die anderen beneideten uns.

Hier merken wir etwas! Es geht nicht um Leiden um der Leiden selbst willen. Sondern es geht um ein Ziel, es geht um die Medaille! Es geht nicht um Quälerei und Kaputtmacherei, sondern darum, uns für den Sieg zu befähigen. Manchmal vergessen wir diesen wichtigen Punkt, besonders dann, wenn wir mitten in einem solchen Training stecken und es wie quälenden Druck erleben. Ich glaube, daß wir gerade in solchen Zeiten beten dürfen: *„Führe uns nicht in Versuchung, sondern erlöse uns von dem Bösen" (Matthäus 6,13).* Mit anderen Worten: „Entlasse uns aus dem Training und schenke uns eine Pause."

Viele haben mit diesem Wort ein Problem. Sie fragen: „Führt Gott denn in Versuchung?" Wenn nicht, würde Jesus nicht lehren, so zu beten. Aber wir müssen dringend unterscheiden: Gott selbst versucht nicht, sondern Er **läßt** versuchen. Er **führt** in Versuchung. Das Gebet heißt nicht: „Versuche uns nicht!", sondern es heißt: „**Führe** uns nicht in die Umstände der Versuchung hinein." Denn Jakobus sagt zu Recht: *„Niemand sage, wenn er versucht wird, daß er von Gott versucht werde. Denn Gott kann nicht versucht werden zum Bösen, und er selbst versucht niemand" (Jakobus 1,13).* Gott selbst versucht niemand. Aber Er führt in die Versuchung. Bestes Beispiel ist die Versuchung Jesu: *„Da wurde Jesus vom Geist in die Wüste geführt, damit er von dem Teufel versucht würde" (Matthäus 4,1).* Der Teufel war der Versucher, aber der Heilige Geist war es, der in sie hineinführte, denn Jesus ist, wie es Hebräer 4, Vers 15 ausdrücklich sagt, *„in allem gleich wie wir versucht worden" (Elb).* Der himmlische Vater stellte durch den Heiligen Geist Seinen geliebten Sohn also selbst in die Attacke des Teufels hinein, und zwar zur Zurüstung für Seinen kommenden Dienst.

Wir können sagen, daß sowohl der Teufel als auch Gott die Versuchung wollen. Aber sie verfolgen dabei ein absolut entgegengesetztes Ziel. Der Teufel will verleiten, verführen, zu Fall bringen und verderben. Sein Ziel ist, dich und mich kaputtzumachen. Der Herr jedoch will, daß wir an der Versuchung wachsen, daß wir an ihr lernen und in ihr bestehen. Er will nicht, daß wir fallen, sondern Er will, daß wir triumphieren. Gott führt uns lediglich in die Umstände der Versuchung hinein, um uns zu erziehen, zu heiligen, zu festigen und zu vollenden. Deshalb sagt Petrus: „Gold muß durchs Feuer bewährt werden" (nach 1. Petrus 1,7). Edelmetalle werden zur Reinigung in der Hitze geschmolzen und so gereinigt und veredelt.

Ein Besucher kommt zu einem Silberschmied, der gerade dabei ist, einen Tiegel Silber über heißem Feuer zu schmelzen. Dabei schaut er ganz konzentriert auf die Oberfläche dieser flüssigen Silbermasse. Da fragt der Besucher: „Sagen Sie mal, warum gucken Sie denn da immer so rein?" Die Antwort: „In dem Augenblick, in dem ich ganz klar mein eigenes Gesicht im flüssigen Silber erkenne, ist die Arbeit fertig." Genauso ist es mit uns. Wir werden wie das Silber auch in der Hitze der Not „geschmolzen". Aber wir sind erst dann damit durch, wenn Christus in uns Sein eigenes Bild wiedererkennt. Wie wahr ist das Wort der Bibel, das da lautet: *„Siehe, ... ich will dich auserwählt machen im Ofen des Elends um meinetwillen, ja um meinetwillen will ich es tun" (Jesaja 48,10-11; LÜ 1912).*

Bezüglich der Anfechtung kommt nun noch ein weiterer wichtiger Gedanke:

Die Zeit der Traurigkeit ist kurz

Petrus sagt: *„Die ihr jetzt eine **kurze** Zeit traurig seid."* Das ist eine wunderbare Verheißung. Prüfungszeit dauert nicht ewig. Jede Prüfung ist einmal geschafft. Und im Vergleich zur Endlosigkeit des ewigen Lebens ist das Leid der Gotteskinder wirklich kurz, so *„daß dieser Zeit Leiden nicht ins Gewicht fallen gegenüber der Herrlichkeit, die an uns offenbart werden soll" (Römer 8,18).* Denke einmal über die Dauer des Examens nach im Vergleich zur jahrzehntelangen Berufstätigkeit. Das macht uns auch dieses Wort klar: *„Gott aber ist treu, der nicht zulassen wird, daß ihr **über euer Vermögen** versucht werdet, ... sondern [der] mit der Versuchung auch den **Ausgang schaffen wird**, so daß ihr sie ertragen könnt" (1. Korinther 10,13; unrev. Elb).* Gott begrenzt also die Schwere der Anfechtung und auch die Zeit. Wie trostreich ist das. Christen werden niemals an ihrer Trübsal zugrundegehen. Für sie gibt es **immer** ein glückliches Ende. Gott läßt uns niemals versucht werden über unsere Kraft.

Daraus können wir ableiten: Gott selbst ist Herr der Prüfung und nicht der Teufel. Gott allein bestimmt, was und wie lange der Böse uns zu schaffen machen darf und ob überhaupt. Gott ist der absolute Herr aller Versuchungen. Wir sind niemals dem Teufel ausgeliefert. Die Kräfte des Bösen, die uns testen sollen, sind wohldosiert, kontrolliert, bestimmt und festgelegt von unserem Meister, der es immer gut mit uns meint. Da brauchen wir uns nicht zu fürchten.

Deshalb, du angefochtenes Gotteskind, ringe in deinen Versuchungen und Trübsalen nicht mit dem Teufel, sondern besprich deine Kämpfe mit Jesus. Wende dich, wie das Vaterunser lehrt, immer an den himmlischen Vater und bete: *„Führe uns nicht in Versuchung" (Matthäus 6,13).* Ähnlich betete Jesus auch in Gethsemane, indem Er sagte: *„Mein Vater, wenn es möglich ist, so gehe dieser Kelch an mir vorüber!" (Matthäus 26,39; Elb).* Eigentlich hat Er gesagt: „Herr, erspare mir diesen Konflikt, erspare mir dieses Leiden und diesen Kampf." Aber dann hat Er gemäß des Vaterunsers sogleich weiter gebetet: *„Doch nicht wie ich will, sondern wie du willst" (Matthäus 26,39).* Denn in dem Mustergebet Christi heißt es ganz ähnlich: *„Dein Wille geschehe" (Matthäus 6,10).* Das bedeutet: Wenn Anfechtung und Trübsal vor dir sind, dann bete gerne: „Herr, führe mich nicht in diese Versuchung. Aber wenn es sein muß, okay. Denn Dein Wille soll geschehen." Überlaß dich einfach den Händen deines Heilandes. Denn *„der Herr weiß die Gottseligen aus der Versuchung zu retten" (2. Petrus 2,9; unrev. Elb).* Das wird auch mit dir geschehen, denn der Herr hat immer Gedanken des Friedens und nicht des Leides mit dir.

Mancherlei Anfechtungen

Nun schreibt Petrus auch noch von *„**mancherlei** Anfechtungen" (1. Petrus 1,6).* Da ist zum Beispiel **die Anfechtung der Sünde**. Gott führt uns auch in sie hinein. Er verleitet uns nicht zur Sünde, aber Er bringt uns – wie Seinen geliebten Sohn – zu ihr hin, daß wir sie überwinden. Der Teufel wollte den Herrn Jesus mit der Sünde der Habgier und der Machtlust hereinlegen, auch mit der Sünde des Götzendienstes, nämlich einen anderen als den Vater im Himmel anzubeten. Von einem hohen Berg herunter zeigte Satan dem Herrn alle Reiche der Welt und ihre Herrlichkeit und sagte: *„Dieses alles will ich dir geben, wenn du niederfällst und mich anbetest" (Matthäus 4,9; Sch).*

Und so kommt die Frage: Wie bewährt sich jetzt der Glaube unseres Herrn in dieser Versuchung? Ihr wißt es: Mit der Berufung auf **Gottes Wort**. Er sagt: *„Weg mit dir, Satan! Denn es steht geschrieben: »Du sollst anbeten den Herrn, deinen Gott, und ihm allein dienen«" (Matthäus 4,10).* Das heißt: Für den, der in der Anfechtung bestehen will, ist es dringend erforderlich, daß sein Herz mit dem Wort Gottes erfüllt ist. Dann genügen nicht verschwommene Kenntnisse von der Bibel. Nein, die Heilige Schrift muß durch tägliches Lesen und Beten in Herz und Sinn verankert sein. Paulus sagt: *„Nehmt das Schwert des Geistes, welches ist das Wort Gottes" (Epheser 6,17).* Das haben viele Christen nicht parat. Daher fallen sie in der Versuchung in die Sünde, wo sie doch durch Gottes Wort siegen sollten.

Es gibt auch **Anfechtung durch Segen**, durch Erfolg, durch Wohlergehen. Davon sind meistens Wohlstands-Christen betroffen. Auch da führt uns Gott hinein. Zum Beispiel hatte es Salomo zu Reichtum und Glanz gebracht. Aber die Bewährung des Glaubens blieb aus. Seine Erfolge hatten ihn hochmütig und vermessen gemacht. Sein Glaube war nicht bewährt.

Bei Abraham war das anders. Der sagte einfach zum König von Sodom, als der ihm aus bestimmten Gründen eine große Habe geben wollte: *„Ich hebe meine Hand auf zu dem HERRN, dem allerhöchsten Gott, dem Besitzer des Himmels und der Erde, daß ich von allem, was dein ist, nicht einen Faden noch Schuhriemen nehmen will, daß du nicht sagest: »Ich habe Abram reich gemacht«" (1. Mose 14,22-23; Sch 2000).* Abraham ließ sich also von Geld nicht blenden. Die Bewährung des Glaubens kam dadurch zum Ausdruck, daß er seine Zuflucht sofort bei seinem Gott nahm. **Er betete**. Er flüchtete sich in die Arme Gottes.

Welch ein wunderbarer Weg, in der Versuchung zu bestehen!

Deshalb halte immer inneren Abstand zu deinem Erfolg und dem erfahrenen Segen, daß all das Gute dich nicht wegreißt und stolz macht. Bleibe bewußt abhängig von Gott, bleibe dankbar, erachte alles als unverdiente Gnade. Werde nicht größenwahnsinnig, sondern verschenke, spende und hilf den Armen und Verfolgten. Du wirst nicht ärmer, sondern immer reicher und bewährter im Glauben.

Ebenso können **geistlicher Segen**, Offenbarungen und Gnadengaben zur Versuchung werden. Auch für Paulus war das eine Gefahr. *„Damit ich mich wegen der hohen Offenbarungen“*, sagte er, *„nicht überhebe, ist mir gegeben ein Pfahl ins Fleisch, nämlich des Satans Engel, der mich mit Fäusten schlagen soll, damit ich mich nicht überhebe“ (2. Korinther 12,7).* Hört ihr den Klang dieser Worte? Paulus nahm die Trübsal des Pfahles an und sagte sich: „Ich brauche das.“ Er hatte dreimal gebetet, aber er erkannte, daß ihn dieses Leid vor Überheblichkeit bewahrte. Welch eine Bewährung des Glaubens!

Zu den mancherlei Anfechtungen gehört natürlich nicht zuletzt auch **das allgemeine Leiden** wie Krankheit, Mißerfolg, Unglück, Verleumdung usw. Wie kann nun darin euer Glaube Bewährung finden? Die Antwort lautet: **Durch Geduld**. Lesen wir, was Paulus schreibt: *„Wir rühmen uns auch der Bedrängnisse, weil wir wissen, daß Bedrängnis Geduld bringt, **Geduld aber Bewährung**“ (Römer 5,3-4).* Bewährung entsteht also durch Geduld.

Ein junger Christ sagte zu einem älteren christlichen Bruder: „Ich bin immer so hektisch und so ungeduldig. Bitte, Bruder, bete mit mir um Geduld!“ Da betete der Ältere voller Inbrunst: „Gib meinem jungen Freund Trübsal am Morgen, Trübsal am Mittag und Trübsal am Abend!“ Da stieß ihn der junge Bursche an und rief: „Du solltest doch nicht um Trübsal beten, sondern um Geduld!“ Der erfahrene Christ antwortete darauf: „Weißt du denn nicht, daß es die Trübsal ist, die Geduld schafft?"

Wenn wir uns im Glauben bewähren möchten, dann führt kein Weg an Trübsal vorbei. Sie schafft als erstes Geduld und die Geduld wiederum Bewährung. Jakobus sagt: *„Selig ist der Mann, der die Anfechtung erduldet, denn nachdem er bewährt ist, wird er die Krone des Lebens empfangen" (Jakobus 1,12).* Die schenke dir der Herr durch Seine Gnade.

Berührung mit dem Unsichtbaren

„Ihn [Jesus] habt ihr nicht gesehen und habt ihn doch lieb; und nun glaubt ihr an ihn, obwohl ihr ihn nicht seht; ihr werdet euch aber freuen mit unaussprechlicher und herrlicher Freude, wenn ihr das Ziel eures Glaubens erlangt, nämlich der Seelen Seligkeit. Nach dieser Seligkeit haben gesucht und geforscht die Propheten, die von der Gnade geweissagt haben, die für euch bestimmt ist, und haben geforscht, auf welche und was für eine Zeit der Geist Christi deutete, der in ihnen war und zuvor bezeugt hat die Leiden, die über Christus kommen sollten, und die Herrlichkeit danach. Ihnen ist offenbart worden, daß sie nicht sich selbst, sondern euch dienen sollten mit dem, was euch nun verkündigt ist durch die, die euch das Evangelium verkündigt haben durch den heiligen Geist, der vom Himmel gesandt ist, – was auch die Engel begehren zu schauen.“ (1. Petrus 1,8-12)

Vorab erkennen wir aus diesen Versen, daß es eine Wirklichkeit außerhalb unserer fünf natürlichen Sinne gibt. „Ihr liebt und glaubt, was ihr nicht gesehen habt“, sagt Petrus. Es gibt also eine göttliche Welt, die man nicht sehen kann. Die Bibel erzählt uns z.B. von Engeln, von Himmeln und von der Allgegenwart Gottes, die wir mit unseren natürlichen Sinnen nicht wahrnehmen können. Es gibt also eine reale geistliche Welt, die das menschliche Auge aber nicht zu sehen vermag.

Mit der unsichtbaren Welt in Kontakt kommen

Nun stellt sich natürlich die Frage: Wie können wir mit der unsichtbaren Welt in Kontakt kommen, wenn es unsere fünf Sinne nicht ermöglichen? Wenn wir bei der Suche nach der unsichtbaren Welt nicht ins Mystische oder Okkulte abgleiten wollen, müssen wir den Weg über Jesus gehen und nicht den über Geister, Verstorbene oder Heilige. Petrus spricht von Jesus, wenn er schreibt: *„**Ihn** liebt* *ihr, an* ***ihn*** *glaubt ihr."* Viele wollen die Sphäre des Unsichtbaren erreichen, aber ohne Christus. Und so landen sie im Aberglauben. Aber Jesus selbst sagt uns: *„Niemand kommt zum Vater denn durch mich" (Johannes 14,6).*

Nun kommt natürlich die Frage auf: Wie kann man mit Jesus, dem unsichtbaren Herrn, in Berührung kommen? Wie kann man Ihn erfahren, ohne Ihn gesehen zu haben? Manchmal wird gesagt: „Oh, wenn ich doch Jesus sehen könnte, wie die Jünger es konnten, wenn ich Ihn fühlen könnte, wie Johannes es an Jesu Brust tat, wenn ich doch nur Seine Zeichen und Wunder miterlebt hätte, ja dann würde ich von Seiner Realität überzeugt sein."

Aber hört, was Jesus vom Vater Abraham aus der jenseitigen Welt erzählt: Der reiche Mann in der Qual wollte seine fünf noch lebenden Brüder warnen lassen und bat Abraham: *„So bitte ich dich, Vater, daß du ihn [Lazarus] sendest in meines Vaters Haus, ... die soll er warnen, damit sie nicht auch kommen an diesen Ort der Qual" (Lukas 16,27-28).* Aber Abraham gab die ganz klare Antwort: *„Hören sie Mose und die Propheten nicht, so werden sie sich auch nicht überzeugen lassen, wenn jemand von den Toten auferstünde" (Vers 31).* Mit dieser Aussage wird deutlich, daß übernatürliche, sichtbare Wunder keine Hilfe für den Glauben sind. Zeichen und Wunder fördern vielleicht sensationelle Gefühle, aber nicht den Glauben. Es ist also nicht wahr, daß durch Sehen Glauben entsteht. Deshalb sagt Petrus: „Ihr seht Ihn nicht, aber ihr liebt Ihn und glaubt an Ihn."

Schaut euch doch an, wie viele von den Massen, die Jesus gesehen und Seine Wunder und Zeichen miterlebt haben, schließlich geglaubt und Buße getan haben. Wie groß und gewaltig war am Ende die Zeichen-und-Wunder-Gemeinde? Nur eine kleine Gruppe war übriggeblieben. Einmal fragte Jesus Seine Jünger: *„Wollt ihr auch weggehen?" (Johannes 6,67).* So sehr haben die Zeichen und

Wunder zum Glauben beigetragen, daß Jesus unter Gemeindeschwund litt. Die Masse, die eben noch aufgrund der Wunder begeistert war, glaubte nicht, sondern rief: *„Kreuzige ihn! Kreuzige ihn!“ (Markus 15,13-14).*

Wenn Deutschland heute Jesus leibhaftig unter sich hätte und Er drei Jahre lang in Hamburg, Berlin oder München dieselben Zeichen tun würde wie damals in Israel, würde Deutschland glauben? Nein, Jesu Ende würde in unserem Land genau dasselbe sein wie vor zweitausend Jahren: Sie würden Ihn ermorden. Sehen bringt keinen Glauben hervor.

Deswegen müssen wir uns mit dem beschäftigen, was Glaube wirklich ist. Als Jesus sah, daß Ihm trotz sichtbarer Machttaten so viele den Rücken kehrten, sagte Er in Johannes 6, Vers 63: *„Der Geist ist's, der lebendig macht. Das Fleisch ist nichts nütze.“* Das heißt, wo man Gott mit den natürlichen Wahrnehmungsorganen sucht, wird man Ihn nicht finden. Die Augen, die Ohren, das Fühlen, das Riechen und Schmecken nützen nichts, der natürliche Mensch nützt nichts. Sondern der Heilige Geist ist es, der lebendig macht, der Glauben hervorbringt.

Das gilt auch für Aussagen wie diese: *„Viele glaubten an seinen Namen, da sie die Zeichen sahen, die er tat“ (Johannes 2,23).* Aus der Sicht dieser Menschen stand ihr Glaube gewiß im Zusammenhang mit den geschauten Wundern. Aber aus der Sicht Gottes bleibt dennoch der Grundsatz bestehen, daß es der Heilige Geist allein ist, der lebendig macht und Glauben im Herzen eines Menschen schafft. Dabei benutzt Er auch Wunder und Zeichen, aber Er könnte es auch ohne sie. Wer nicht aus der Sphäre der Sinne herauskommt und unabhängig vom Sehen glaubt, der kann Christus nicht wirklich erfahren, auch wenn er Ihn mit den Augen gesehen hat. Petrus hatte den Herrn drei Jahre lang tagtäglich gesehen. Waren diese handfesten Erlebnisse nun die Ursache für seinen Glauben? Nein. Als Jesus einmal fragte: *„Wer sagt denn ihr, daß ich sei?“ (Matthäus*

16,15), antwortete Petrus: *„Du bist Christus, des lebendigen Gottes Sohn!" (Vers 16).*

Woher wußte er das? Hatten ihm das seine Augen oder Ohren offenbart? Hatten ihm das seine natürlichen Sinne offenbart? Jesus gibt die Antwort darauf, woher Petrus das wußte: *„Fleisch und Blut haben dir das nicht offenbart, sondern mein Vater im Himmel" (Vers 17).* Wenn jemand Jesus Christus als seinen persönlichen Erretter bezeugt, weiß er das nicht durch seine Sinne, sondern nur durch Offenbarung. Darum sagt Petrus: „Ihr habt Ihn nicht gesehen, aber ihr liebt Ihn, und ihr glaubt an Ihn" (nach 1. Petrus 1,8).

Also nicht durch Fühlen, Schmecken, Riechen, Hören oder Sehen, sondern allein durch Glauben können wir in Verbindung mit Jesus Christus kommen. Wohl dem, dem dieser kostbare und teure Glaube gegeben ist. Schätze auch du ihn als deine höchste Begabung und als den größten Reichtum deines Lebens. Denn durch diesen dir geschenkten Glauben kannst du zu Gott gelangen. Er ist eine Sehfähigkeit geistlicher Dinge. Darum sagt Paulus: Gott *„gebe euch erleuchtete Augen des Herzens" (Epheser 1,18).*

Paulus spricht also von den Augen des Herzens und meint damit Menschen, die durch den Glauben Jesus sehen. Ungläubige Menschen bezeichnet die Bibel hingegen als blind, sie haben blinde Herzensaugen. Wenn ein Mensch lebendigen Glauben hat und von Herzen und mit Liebe Jesus nachfolgt, kommt das daher, daß sich Gott ihm geoffenbart hat, daß Er ihm die Herzensaugen geöffnet hat. Jedoch *„den Ungläubigen hat der Gott dieser Welt den Sinn verblendet, daß sie nicht sehen das helle Licht des Evangeliums" (2. Korinther 4,4).* Aber uns Glaubenden hat Gott *„einen hellen Schein in unsre Herzen gegeben" (Vers 6).*

Wir haben Jesus und Seine Zeichen, die Er damals tat, nicht physisch gesehen. Aber das macht gar nichts. Denn wir haben Ihn durch den Glauben noch viel besser und viel inniger gesehen. Der Glaube bringt uns Jesus so nahe, daß wir, wie Petrus auch geschrieben hat, Ihn sogar lieben, ohne Ihn gesehen zu haben. Denn wenn dein Herzensauge Jesus und Sein Erlösungswerk für dich erkennt, wirst du Ihn auch lieben. Es entsteht Sehnsucht wie nach einem Bräutigam und eine wunderbare Beziehung zu Ihm.

Ungläubige mögen sagen: „Die Frommen spinnen, sie lieben einen, den sie nie gesehen haben." Es ist klar, daß sie das nicht verstehen können. Die Liebe des Heiligen Geistes ist ihnen fremd. Sie haben kein geistliches Auge, sie haben keinen Glauben und darum auch keine Liebe. Du aber glaubst und liebst Jesus, ohne Ihn gesehen zu haben. Welch eine Gnade ist das!

In dieses Geheimnis möchten sogar die Engel hineinschauen, wie Petrus am Ende des ersten Kapitels erklärt: Auch sie *„gelüstet"*, in dieses Geheimnis hineinzuschauen" (1. Petrus 1,12; LÜ 1912).

Die Sehnsucht der Propheten

Aber bevor der Apostel Petrus auf die Engel eingeht, kommt er erst einmal auf die Sehnsucht der Propheten zu sprechen. Sie haben *„gesucht und geforscht" (Vers 10).* Sie waren begierig, herauszufinden, wann denn der Christus kommen, leiden und verherrlicht werden würde. Sie wußten schon, daß es ein Evangelium der Errettung und Gnade sein würde, das dann auch für die Heidennationen geöffnet sein würde. Das alles zeigen uns die Verse 11 und 12 des Textes, der unserer Betrachtung zugrunde liegt.

Obwohl die Heilstat Christi am Kreuz historisch noch nicht geschehen war, lebten die Propheten des Alten Testamentes schon durch den Glauben an sie und waren errettet. Aber sie sehnten sich danach, daß dieses Heil geschichtlich offenbar werden würde und auch wir als Heiden es erfahren könnten. Manche behaupten, daß es im

Alten Testament einen anderen Heilsweg gegeben hätte als im Neuen Testament, so, als hätte man im Alten Testament durch ein allgemeines gottesfürchtiges Leben den Himmel ohne Christus erreichen können. Aber es gilt der ewige Grundsatz: *„Denn es ist auch kein anderer Name unter dem Himmel den Menschen gegeben, in welchem wir sollen gerettet werden!" (Apostelgeschichte 4,12; Sch).* Und der andere Grundsatz heißt: *„Ich bin der Weg, die Wahrheit und das Leben; niemand kommt zum Vater denn durch mich" (Johannes 14,6).*

Das gilt ausnahmslos für alle Generationen und alle Völker. Auch die Menschen des Alten Testamentes sind allein durch den Glauben an Jesus Christus gerettet worden. Jetzt höre ich einige sagen: „Aber Jesus war doch noch gar nicht da." Doch, Er war schon da. Als Paulus von Israels Wüstenwanderung berichtet, schreibt er: Sie *„haben alle denselben geistlichen Trank getrunken; sie tranken nämlich von dem geistlichen Felsen, der ihnen folgte; der Fels aber war Christus" (1. Korinther 10,4).* Jesus war also mit ihnen unterwegs. Auch Abraham hat mit Christus in der Gestalt des Priesters Melchisedek neutestamentliches Abendmahl gefeiert, und zwar mit Brot und Wein (siehe 1. Mose 14,18-20). Und von Mose heißt es: Er *„hielt die Schmach Christi für größeren Reichtum" (Hebräer 11,26).* Wie kann ein Mann die Schmach Christi für größeren Reichtum erachten als die Schätze Ägyptens, wenn er weder etwas von Jesus wußte noch etwas von Seiner Schmach gehört hatte?

Wir sehen, die sogenannten Glaubenshelden in Hebräer 11 glaubten an Jesus und an das Evangelium. Das bestätigt auch Galater 3, Vers 8: *„Da es nun die Schrift voraussah, daß Gott die Heiden aus Glauben rechtfertigen würde, hat sie dem Abraham im voraus das Evangelium verkündigt" (Sch).* Abraham wurde das Evangelium also schon im voraus verkündigt. Darum wird er auch „Vater aller Glaubenden" genannt. Er war von Gott auf dieselbe Weise gerechtfertigt worden wie auch wir, nämlich durch den Glauben. Und welcher Glaube ist es? Es ist der Glaube an Christus Jesus, durch den allein Gott einen Menschen rechtfertigt.

Das heißt: Wenn heute jemand gerettet wird, geschieht das auf derselben Grundlage, die auch Abraham hatte, unsere Glaubensgerechtigkeit ist dieselbe wie seine. Das müssen wir dringend erfassen, sonst irren wir im Alten und Neuen Testament umher und können ihren klaren Zusammenhang nicht erkennen. In beiden Testamenten geht es in gleicher Weise um Jesus und um das Evangelium. Im Alten Testament war es lediglich einer kleinen Gruppe offenbar geworden, während es seit Pfingsten der ganzen Welt verkündigt wird. Und dahin ging die Sehnsucht der Propheten.

Die Engel haben Lust am Evangelium

Aber nicht nur die Propheten, sondern auch die Engel hatten Lust am Evangelium. Aber sie können gar nicht so hineinschauen wie die Propheten und wie Sünder, die errettet werden. Warum? Ein solches Evangelium gibt es nicht für sie. Sie sind nicht errettungsbedürftig, denn sie haben nie gesündigt. Ich spreche von den Engeln, die nicht gefallen sind und nach wie vor in der Herrlichkeit bei Gott in Seinen Diensten sind. Sie befinden sich in etwa in dem gleichen Zustand, in dem Adam und Eva sich befanden, bevor sie in Sünde fielen.

Es liegt mir fern, den Sündenfall zu preisen. Er ist ein Fluch für die ganze Menschheit. Aber irgendwie mußte es wohl doch alles so sein. Denn ohne den Einbruch der Sünde wäre keine Erlösung notwendig. Ohne die Verdorbenheit des Menschen wäre kein Heil erforderlich – und es gäbe kein Evangelium. Wenn wir nicht gefallen wären, könnten wir also nicht erfahren, wie herrlich die Erlösung in Jesus Christus ist. Wer nie krank war, der weiß nicht wirklich, wie köstlich Heilung und Gesundheit sind. Wer schon einmal dem Tode nahe war und ihm nur knapp entrinnen konnte, der weiß jetzt erst richtig, was Leben bedeutet.

Die Engel können also die Tiefe und den Abgrund nicht verstehen, aus dem Sünder errettet werden. Und demzufolge können sie auch nicht das Glück des Sünders in seiner Errettung verspüren. Folgender Liedvers trifft genau den Punkt: „DER ENGEL LÄSST DIE FLÜGEL SINKEN, DENN NIE HAT ER VERSPÜRT, WAS EINEN ARMEN SÜNDER RÜHRT, DEN JESUS HEIMWÄRTS FÜHRT.“[3] Deshalb gelüstet es die Engel, in dieses Geheimnis hineinzuschauen. Sie möchten etwas verstehen, aber können es selbst nicht erleben.

Aber dann gibt es auch noch die andere Kategorie von Engeln, nämlich die gefallenen. Was ist mit ihnen? Gott hat uns verborgen, warum Er ein Heil für gefallene Menschen geschaffen hat, aber nicht für gefallene Engel. Gott ist nur Mensch geworden, aber nicht Engel. Da sind wir wieder bei der Souveränität Gottes. Und manch einer stellt wieder die Frage, ob Gott denn nicht ungerecht sei, wenn Er zwar den Menschen eine Erlösung bereitet hat, aber nicht den Engeln, die doch lange, bevor irgendein Mensch geschaffen wurde, als heilige Wesen nahe bei Gottes Thron im Himmel waren. Die Bibel sagt in Hebräer 2, Vers 16 klipp und klar, wie es ist: *„Denn er nimmt sich nicht der Engel an, sondern der Kinder Abrahams nimmt er sich an.“*

Um so geheimnisvoller ist für die nicht gefallenen Engel das Evangelium, das den Menschen gilt. Deshalb schreibt Petrus über die *„Dinge, in welche auch die Engel hineinzuschauen gelüstet“ (1. Petrus 1,12; Sch).* Sie sehnten sich danach, das Geheimnis des Evangeliums zu verstehen. Sie wollten dem näher kommen, was ein Sünder verspürt, wenn er durch die Gnade Gottes zur Buße und Bekehrung gelangt. Obwohl die Engel dieses Wunder der Errettung nie

---

[3] Aus dem Refrain des Liedes „Droben gibt's ein sel'ges Singen“ (Verfasser unbekannt). Pfingstjubel Nr. 205

ihr eigen nennen können, interessieren sie sich unseretwegen ganz heiß für das Evangelium. Und daher *„wird Freude sein vor den Engeln Gottes über einen Sünder, der Buße tut“ (Lukas 15,10).*

Müssen wir Menschen uns nicht schämen? Die Engel, die es nicht betrifft, haben Lust am Evangelium und begehren, dessen Herrlichkeit zu erkennen. Und uns, zu deren Gunsten es gegeben wurde, ist es gleichsam egal. Das ist eine Schande für die ganze Menschheit. Aber auch für uns Christen ist es eine Schande, wenn uns tausend Sachen heiß interessieren, aber nur nicht das Wort Gottes. Wenn irgend jemand brennend und lebenslang Lust am Studium des Evangeliums haben sollte, dann ist es ein Christ. Denn wir sind die Auserwählten, die Bevorzugten, die dieses Heil erleben dürfen. „O Herr, vergib uns unsere Gleichgültigkeit!“

Die Engel sind natürlich auch deshalb am Evangelium interessiert, weil sie uns zum Heil helfen sollen. Sie sind *„dienstbare Geister“*, sagt Hebräer 1, Vers 14, *„ausgesandt zum Dienst um derer willen, die das Heil ererben sollen“.* Denken wir an Kornelius, der das Heil ererben sollte. Zuerst wird ein Engel zu ihm gesandt, der ihn zu Petrus auf den Weg bringt. Der Engel verkündigt dem Kornelius nicht die Heilsbotschaft. Das muß der Mensch Petrus tun. Aber die Engel bereiten oft die Wege dazu.

Ich erinnere mich an eine Mutter, deren Kleinkind im Nebenzimmer schlief. Plötzlich ruft das kleine Mädchen durch die offene Tür: „Mama, Mama! Da ist ein Engel im Wohnzimmer! Er sagt, ich soll kommen.“ Die Mama antwortet: „Kind, du träumst.“ Nach einer Weile ruft die Kleine wieder: „Mama, er ist schon wieder da! Ich soll kommen.“ „Kind, beruhige dich!“ Ein drittes Mal. Die Mutter denkt: „Es ist das beste, wenn ich mein Töchterchen aus dem Kinderbett nehme und es ins Wohnzimmer trage. Dann kann es sehen, daß dort kein Engel ist.“ Kaum gedacht, schon getan. Auf einmal gibt es einen gewaltigen Krach. Da bricht über dem Kinderbett der alte, deckenhohe Kachelofen zusammen, und die Trümmer begraben das Kinderbett. Da sagt die Mutter ganz schockiert: „Es muß wohl doch ein Engel gewesen sein!“ Wie nie zuvor hat die Mutter durch diesen Dienst des Engels den lebendigen Gott gesucht und auch gefunden.

Die Engel lieben das Evangelium also um unseretwillen. Um so mehr wollen wir es lieben, lernen und ausleben.

Warum? Darum!

„Darum umgürtet die Lenden eurer Gesinnung, seid nüchtern und setzet eure Hoffnung ganz auf die Gnade."

(1. Petrus 1,13; Sch; lies 13-25)

Darum

Die Botschaft des Petrus in unserem gesamten Bibelleseabschnitt lautet in etwa: „Darum umgürtet eure Lenden. Seid nüchtern, als gehorsame Kinder paßt euch nicht dieser Welt an. Seid heilig in eurem ganzen Wandel." Es geht dem Apostel also um ein geheiligtes Leben. Und warum sollen wir so leben? Weil wir uns anstrengen und weil wir die Gebote Gottes halten sollen? Weil wir sonst unsere Seligkeit verlieren?

Die Begründung des Petrus aber ist eine völlige andere. Er sagt: „Darum" und nimmt Bezug auf das vorher Gesagte. Vorher (in Vers 1-12) hatte er nämlich geschrieben: „Ihr seid auserwählt, ihr seid wiedergeboren, ihr habt ein unvergängliches Erbe empfangen, ihr werdet in der Kraft Gottes bewahrt, euer Glaube wird Bewährung finden, und ihr werdet euch freuen mit unaussprechlicher und herrlicher Freude, so daß auch die Engel begehren, euer Heil zu sehen." Das alles sollte für Christen also der wahre Grund sein, ein gehorsames und geheiligtes Leben führen zu wollen. Weil der Herr so viel für uns getan und uns so viel geschenkt hat, **darum** sollte es uns eine Lust sein, ein Gott wohlgefälliges Leben zu führen.

Petrus erwähnt in dieser Kette der göttlichen Gnaden auch die Wiedergeburt – zweimal in unserem Kapitel. Er will also sagen: „**Darum**, weil ihr wiedergeboren seid, **darum**, weil ihr ein neues Wesen empfangen habt, **darum** kann ich euch ermahnen, entsprechend zu leben." Illustrieren wir das noch einmal mit dem Bild vom Maulwurf und vom Adler. Der Maulwurf, der immer unten in der Dunkelheit der Erde wühlt, ist ein Bild für den gefallenen Sünder. Der Adler wiederum ist eine Kreatur, die Gott geschaffen hat, damit sie in den Lüften lebt. Wenn ich nun zu dem Maulwurf sage: „Maulwurf, fliege!“ – macht das Sinn? Das macht keinen Sinn! Einem unerretteten, nicht wiedergeborenen Menschen zu sagen: „Führe ein heiliges Leben!“, wäre Unsinn. Genauso wenig wie der Maulwurf zum Fliegen veranlagt ist, genauso wenig ist ein natürlicher Mensch zu einem göttlichen Wandel veranlagt. Aber wenn aus dem Maulwurf eine neue Kreatur werden würde, nämlich ein Adler, dann sähe die Sache ganz anders aus. Dann kann ich zu dem ehemaligen Maulwurf ohne weiteres sagen: „Nun fliege und schwinge dich auf in die Höhe!“ Zu dem Gottlosen kann ich nicht sagen, daß er ein göttliches Leben führen soll. Ich kann ihn anpredigen, so viel ich will, aber es klappt nicht. Durch Moralpredigten wird niemand ein guter Christ. Nein, der Mensch muß erst eine neue Kreatur, muß von neuem geboren werden, und dann macht es Sinn, ihn zur Heiligkeit zu ermahnen.

Das Evangelium besteht nicht darin, den Ungläubigen Standpauken zu halten, daß sie bitteschön bessere Menschen zu sein haben. Das bringt genauso wenig wie der Tadel an einen Maulwurf, daß er nicht fliegt. Nein, das Evangelium verkündigt: „Empfange die neue Geburt und glaube an den Herrn Jesus Christus.“ Denn *„ist jemand in Christus, so ist er eine neue Kreatur“ (2. Korinther 5,17).* Wenn wir von neuem geboren worden sind, der Geist Christi in unseren Herzen wohnt und wir innerlich eine göttliche Anlage empfangen haben, dann macht es Sinn, zu ermahnen: „Du bist ein Heiliger, darum sei heilig! Du bist ein Wiedergeborener, darum lebe auch gemäß deines neuen Wesens!“

Deswegen lautet die Botschaft des Petrus auch nicht: „Sei heilig, damit du ein Christ wirst.“ Oder: „Führe ein frommes Leben, damit du nicht in die Hölle kommst!“

Sondern er lehrt: „Darum, weil ihr auserwählt seid, weil ihr wiedergeboren seid, darum lebt ein verändertes Leben!“ Du kannst nur zu einem Vogel sagen, daß er fliegen soll, zu einer Schlange, daß sie kriechen soll, und zu einem Fisch, daß er schwimmen soll. Und du kannst nur zu einem wiedergeborenen Christen sagen, daß er heilig leben soll. Er soll es, weil es seinem neuen Wesen entspricht. Erst wenn aus dir natürlichem Menschen ein geistlicher Mensch geworden ist, dann hast du auch die Kraft und die Art, überhaupt in einem göttlichen Leben wandeln zu können.

Vielleicht fragst du jetzt, daß man aber doch niemanden mehr ermahnen müßte, wenn ein heiliges Leben das natürliche Ergebnis der Wiedergeburt ist? Doch. Auch wenn einem Vogel die Gabe des Fliegens angeboren ist, kann er dennoch träge darin sein. Ebenso kann ein Christ auch faul sein, obwohl ihm die Begabung einer christlichen Lebensweise in die Wiege seiner Wiedergeburt hineingelegt wurde. Und darum ermahnt der Apostel Petrus seine christlichen Briefleser und sagt: „Seid gehorsam, seid heilig, seid voller Liebe, denn im Gegensatz zu den Ungläubigen könnt ihr es. Ihr seid auserwählt, ihr seid wiedergeboren, ihr seid Kinder Gottes und Erben des ewigen Lebens, darum lebt auch entsprechend.“

Wir sollen uns also nicht um die Heiligung bemühen, weil wir heilig werden wollen, sondern weil wir es bereits sind. Wir sollen nicht nach Gerechtigkeit streben, weil wir dadurch gerecht werden wollen, sondern weil wir in Christus bereits gerecht sind. Wir sollen uns auch nicht anstrengen, um etwas zu werden, sondern in dem leben, was wir bereits sind. Die Ermahnung des Petrus kann man deshalb auf diesen Nenner bringen: Ihr seid geistlich, **darum** seid auch geistlich. Ihr seid gerecht, **darum** seid auch gerecht. Ihr seid Kinder Gottes, **darum** seid auch Kinder Gottes, **darum** lebt auch als solche! Ist das nicht ein schönes „Darum“? Ganz gewiß!

Das „Darum" in den apostolischen Briefen

Immer wieder gebrauchen die Apostel diese „Darums" und „Denns" und „Deshalbs". Für sie bestand ein fester argumentativer Zusammenhang zwischen den Lehren von der freien Gnade und dem notwendig daraus folgenden heiligen Leben. Gehen wir auch in den 2. Petrus-Brief hinein: *„Da seine göttliche Kraft uns alles zum Leben und zur Gottseligkeit geschenkt hat ..." (2. Petrus 1,3; Elb) „... so setzt eben deshalb allen Eifer daran und reicht in eurem Glauben die Tugend dar, ... die Selbstbeherrschung, ... die Standhaftigkeit, ... die Gottseligkeit, ... die Bruderliebe" (Verse 5-7; Sch 2000).* Hier haben wir also wieder das „Darum". Weil die göttliche Kraft uns alles geschenkt hat, darum lebt in der Selbstbeherrschung, Standhaftigkeit, Gottseligkeit und Bruderliebe. Durch das neue Leben aus Gott haben wir ein Fundament für das christliche Leben. Deshalb sagt der Apostel Johannes auch: *„Seine Gebote sind nicht schwer" (1. Johannes 5,3).* Für den Menschen, der nicht wiedergeboren ist, sind die Gebote so schwer, daß er sie nicht halten kann. Aber für den Wiedergeborenen sind sie nicht schwer, weil er durch den Heiligen Geist lebt. Deshalb sind sie für Christen sogar eine Lust.

Nehmen wir auch noch 2. Petrus 3, Vers 13: *„Wir erwarten aber nach seiner Verheißung neue Himmel und eine neue Erde, in denen Gerechtigkeit wohnt" (Sch 2000).* Das ist das Fundament. Und sogleich sagt der Apostel wieder: *„**Darum**, Geliebte, weil ihr dies erwartet, so seid eifrig darum bemüht, daß ihr unbefleckt und tadellos vor ihm erfunden werdet in Frieden" (2. Petrus 3,14; Sch 2000).* Auch hier gilt wieder: Nicht weil wir in erster Linie etwas erzielen wollen, streben wir nach einem biblischen Wandel, sondern aus Dankbarkeit dafür, daß Gott für uns schon den Himmel erzielt hat.

Auch die anderen Apostel kennen diese „Darums" und „Deshalbs". Lesen wir einmal bei Jakobus: *„Nach seinem*

Willen hat er uns gezeugt durch das Wort der Wahrheit, damit wir gleichsam Erstlinge seiner Geschöpfe seien" (Jakobus 1,18; Sch). Und in Vers 21 folgert Jakobus sofort: *„**Darum** legt ab allen Schmutz und allen Rest von Bosheit und nehmt mit Sanftmut das euch eingepflanzte Wort auf" (Sch 2000).* Also auch hier ist die Aussage wieder: Weil Gott das Werk der Neugeburt in euch getan hat, weil ihr Gotteskinder geworden seid, darum lebt entsprechend.

Ich nehme jetzt noch das berühmte Wort aus Philipper 2, Vers 12: *„Schaffet, daß ihr selig werdet, mit Furcht und Zittern."* Bedeutet das nicht doch, daß wir uns anstrengen müssen, heilig zu sein, um gerettet zu werden? Vorsicht, denn es geht weiter mit einem „Denn": *„Denn Gott ist's, der in euch wirkt beides, das Wollen und das Vollbringen, nach seinem Wohlgefallen" (Philipper 2,13).* Das Wollen Gottes schafft in uns eine Haltung der Bemühung und sogar des Zitterns. Wenn sich jemand ernsthaft Sorgen um seine Errettung macht, erreicht er das nicht wegen seines Zitterns, sondern sein Zittern ist Beleg dafür, daß Gott in ihm schon das Heil bewirkt hat. Das Schöne an Gottes Ermahnungen für Seine Kinder ist, daß wir nicht unserer eigenen menschlichen Anstrengung überlassen bleiben und scheitern, sondern daß Gott selbst das Wollen und sogar auch das Vollbringen schafft. Darum sollte das unser Fazit aus dieser Lehre sein: „Herr, wenn Du so viel für mich getan und mir ein solches Heil ohne mein Zutun unwiderruflich zugeeignet hast, dann will ich mir aber Mühe geben, daß ich Dir nachfolge und Deinem Wort von Herzen gehorche!" Das ist die richtige Motivation zur Heiligung: **Darum**, daß du nichts mehr erwerben mußt, sondern alles bereits für dich erworben ist.

Umgürtet die Lenden eurer Gesinnung

Aber nun geht es weiter in unserem Vers. *„Darum umgürtet die Lenden eurer Gesinnung" (1. Petrus 1,13; Elb).*

Was heißt das: *„umgürtet die Lenden eures Denkens"*? Vielleicht ist Petrus auf diesen Ausdruck des Gürtens gekommen, weil Jesus einst zu ihm gesagt hatte: *„Als du jünger warst, gürtetest du dich selbst und gingst, wo du hin wolltest; wenn du aber alt wirst, wirst du deine Hände ausstrecken, und ein anderer wird dich gürten und führen, wo du nicht hin willst" (Johannes 21,18).* Vielleicht erinnerte Petrus sich auch an das Passah-Essen. Ihr wißt, als Israel aus Ägypten ausziehen sollte, mußten die Israeliten unmittelbar davor noch das Passahlamm essen, und zwar in ganz bestimmter Weise: *„So sollt ihr's aber essen: Um eure Lenden sollt ihr gegürtet sein und eure Schuhe an euren Füßen haben und den Stab in der Hand und sollt es essen als die, die hinwegeilen" (2. Mose 12,11).*

Diese Worte beschreiben unsere innere Haltung, die auch wir in dieser Welt als Hinwegeilende haben sollen. Leider richten wir uns als Christen nicht selten so ein, als wollten wir hier ewig bleiben. Und wenn dann der Ruf des Herrn kommt, von hier wegzugehen, dann muß Er reißen, und es gibt furchtbare Schmerzen. Wir sind dann nicht gegürtet, das heißt: Wir sind nicht bereit, nicht zugerüstet und nicht reisefertig. Das ist es, was Petrus den Empfängern seines Briefes sagen wollte: „Liebe Mitchristen, ihr seid auserwählt, ihr seid geheiligt, ihr seid ausgesondert, ihr seid bewahrt, ihr seid wiedergeboren. Und jetzt laßt diese erfahrene Gnade auch ein anderes Denken in euch hervorrufen."

Wir schauen immer gern auf die sichtbaren und zeitlichen Probleme; diese beherrschen unsere Gedanken. Und dabei vergessen wir, wes Geistes Kinder wir sind. Wir sollten aber in anderen Kategorien und in anderen Dimensionen denken als die Welt. Aber ehe wir uns versehen, sind wir wieder in die Denkgewohnheiten der Welt abgedriftet. Darum rate ich euch, ihr Wiedergeborenen, ihr Auserwählten des Herrn: Überlegt euch, womit ihr eure Sinne und Gedanken füllt, wo ihr hingeht, welche Gemeinschaft ihr habt.

Unter Jugendlichen kommt neuerdings die Frage auf: Darf man nicht auch als Christ in Diskotheken gehen? Aber in diesen Vergnügungszentren spielt sich Zuhälterei und Prostitution ab, ebenso Drogenhandel, jede Art von Kriminalität und Alkoholismus. Dunklere Lasterhöhlen als diese Discos gibt es kaum. Deshalb kann ich auf die Frage, ob Christen da nicht auch hingehen dürfen, nur zwei Antworten geben: Entweder sind die, die solche Wünsche haben, nicht wiedergeboren, oder sie müssen dabei ein unglaublich gespaltenes Gefühl haben. Ich bin nämlich fest davon überzeugt, daß ein wiedergeborener Mensch niemals in den Sumpflöchern der Welt glücklich sein kann. Der Heilige Geist, der in seinem Herzen wohnt, wird ihn zutiefst beunruhigen und sein Gewissen strafen. Nur der Gottlose fühlt sich in der Sünde wohl, der Wiedergeborene aber kann das auf lange Sicht nicht aushalten.

Deshalb ist mein dringender Appell an alle Christen, die glauben, den Spagat zwischen Christusnachfolge und Weltliebe schaffen zu können: Macht euch eure Lebensqualität nicht kaputt, bringt euch nicht in diesen Streß, in diesen Unfrieden, in diese Spannung! Der Gottlose hat keine Spannung dabei, das ist sein Leben und sein Verderben. Aber du, du bist doch auserwählt, du bist doch wiedergeboren. Darum umgürte die Lenden deines Denkens! Das heißt, bedecke deine Gedanken. Überprüfe auch deinen Fernsehkonsum, überprüfe deine Videos. Überprüfe, wo du lebst und wo du hingehst, was du liest, was du hörst und mit wem du umgehst. Prüfe genau, was dein Denken prägen will. Darum lies immer und immer wieder die Bibel, suche Christus im Gebet, verlasse nicht die Versammlungen und den Tisch des Herrn. Ihr lieben Christen, ihr macht einen großen Fehler, ihr verderbt euch die Freude eures Glaubens und eurer Gotteskindschaft, wenn ihr die Bibel nur ab und zu mal lest und zwischendurch einen Seufzer zum Himmel werft und das dann beten nennt. Laßt die Bibel und die Gemeinschaft mit Gott euren Prägestempel sein! Ihr seid wiedergeboren, darum haltet die neue Gesinnung, die ihr da empfangen habt, frisch und rein. Das wird eure Herzen glücklich machen.

Seid nüchtern

Die Lenden des Denkens umgürtet zu haben, bedeutet dann auch: *„**Seid nüchtern** und setzt eure Hoffnung ganz auf die Gnade" (1. Petrus 1,13).* Das heißt mit anderen Worten: Fallt nicht in Rauschzustände, zum Beispiel durch die Anstrengung, sich selbst den Himmel verdienen zu wollen. Setze dein Vertrauen nicht auf dich und deine Bemühungen, sondern auf die Gnade, und sei nicht fleischlich, extrem und fanatisch. Manchmal wurden Christen bei uns Mitglied, weil sie so von der ARCHE begeistert waren. Sie lobten die Gemeinde bis in den siebten Himmel. Nach kürzester Zeit waren sie jedoch wieder verschwunden. Sie waren weder nüchtern, als sie kamen, noch als sie gingen. Bleibe auch bezüglich deiner persönlichen Dinge nüchtern. Wenn du gelobt wirst und Erfolg hast, dann hebe nicht ab, sondern bleibe immer auf dem Teppich. Aber wenn du Mißerfolg hast, andere dich kritisieren und Menschen dich enttäuschen, dann sinke mit deinen Gefühlen nicht in den Keller, sondern sei auch in dieser Situation nüchtern. Denn die Wechselbäder von himmelhoch jauchzend und zu Tode betrübt machen deine Seele krank.

Wenn der Heilige Geist in uns wohnt und wir die Lenden unseres Gemüts und unseres Denkens gegürtet haben, dann werden wir nüchterne Menschen. Natürlich bleiben wir Menschen der Freude, aber wir sind nicht so begeistert, daß unsere Freude kindisch ist. Gerate nicht in Ekstase, wenn Menschen dich loben. Aber verfalle auch nicht in Depressionen, wenn sie dich tadeln. Liebe bitte nicht die

Extreme, sondern liebe die Bibel mit allen ihren Wahrheiten und bitte Gott, dir deine Sinne und Gedanken zu bewahren, daß die Lenden deines Denkens gegürtet sind und du geistlich gesund bist und ein geheiligtes Leben führen kannst, weil du von neuem geboren bist.

Umgürtet die Lenden eures Denkens

„Darum umgürtet die Lenden eurer Gesinnung, seid nüchtern und setzt eure Hoffnung ganz auf die Gnade, die euch zuteil wird in der Offenbarung Jesu Christi."

(1. Petrus 1,13; lies 13-25; Sch 2000)

In der Antike war es üblich, sein Gewand zusammenzuraffen, wenn man es eilig hatte oder wenn man arbeiten oder auch kämpfen mußte. Weil das lange, flatternde Gewand oft hinderlich war, umgürtete man sich. Und wenn noch einige flatternde Zipfel übrigblieben, steckte man auch diese unter den Gürtel. Diese Praxis ist hier offensichtlich von Petrus bildhaft auf das Denken der Gotteskinder angewendet worden. Das heißt, wir sollen die losen Zipfel unserer Phantasie und die flatterhaften Gedanken unter Kontrolle nehmen, nüchtern sein und uns ganz auf die Gnade konzentrieren. Petrus erklärt also, wie wichtig es ist, als Christen unsere Gedankenwelt in Ordnung zu haben. Denn:

Durch den Sündenfall ist das Denken der Menschen verseucht

Daß der Mensch denken kann, stellt ihn über alle anderen Kreaturen. Sich Gedanken machen zu können, ist eine wunderbare Gabe der Schöpfung. Es war die menschliche Vernunft, die Ärzte und Wissenschaftler befähigte, zu forschen und zu ergründen, so daß segensreiche Errungenschaften erzielt werden konnten. Bildung ist etwas Erhabenes. Es gibt sie nur aufgrund der Denkfähigkeit des Menschen, die Gott ihm gab.

Aber der Sündenfall hat die Gedanken der Menschen verseucht. Der erste böse Gedanke der Menschen war die Loslösung von Gott und Seinem Gebot. Darauf aufbauend erdachte sich der Mensch ohne Gott ein verderbliches Wertesystem – zerstörerische Denkweisen, Maßstäbe und Grundsätze. Die führten ganz schnell zum ersten Mord unter den Menschen. Und daraus entwickelten sich Systeme der Unterdrückung und gegenseitigen Ausbeutung. Durch die Kraft seines Denkens erfand der Mensch schließlich Massenvernichtungswaffen und ist in der Lage, Millionen von Menschen mit einem einzigen Schlag zu töten. Die Bosheit menschlichen Denkens war es auch, die Gott einmal bewog, die Menschheit in der Sintflut auszurotten. Denn: *„Alles Dichten und Trachten ihres Herzens war nur böse immerdar" (1. Mose 6,5; LÜ 1912).* Jesus lehrt zudem: *„Aus dem Herzen kommen böse Gedanken, Mord, Ehebruch, Unzucht, Diebstahl ..." (Matthäus 15,19).* Und dieses böse, sündhafte Denksystem der gefallenen Menschheit charakterisiert den *„Lauf dieser Welt[zeit]" (Epheser 2,2; Sch).* Darum heißt es: *„Stellt euch nicht dieser Welt gleich" (Römer 12,2),* also paßt euch nicht dem Lauf dieser Weltzeit an und ihrer Art zu denken. Und Paulus schreibt von *„den Ungläubigen, denen der Gott dieser Welt ihren Sinn verblendet hat" (2. Korinther 4,4).* Darum sind ihre Gedanken krankmachend und tötend.

Veränderung des Denkens

Aber dann kam Jesus. Und Er schenkte uns das Evangelium, damit wir eine Veränderung des Denkens erfahren. Das ist ein anderer Ausdruck für „erlöst sein". Denn die Erneuerung unserer Gesinnung ist gleichzusetzen mit der Wiedergeburt: *„Stellt euch nicht dieser Welt gleich, sondern ändert euch durch Erneuerung eures Sinnes, damit ihr prüfen könnt, was der Wille Gottes ist" (Römer 12,2).* Christsein heißt also nichts anderes, als anders zu denken als die Welt, eine andere Gesinnung zu haben. Christen gehören nicht mehr dem Denken dieser Welt an, sondern sie sind in ihrem Sinnen und Trachten verändert worden. Ein neues Denken ist eingezogen, nämlich *„die Gesinnung* *des Geistes"* im Gegensatz zur *„Gesinnung des Fleisches [der Welt]" (Römer 8,6; Elb).* Und deshalb gilt:

Das erneuerte Denken will und muß gepflegt werden

Genau darauf zielt Petrus ab, wenn er schreibt: *„Umgürtet die Lenden eures Denkens."* Das heißt: Haltet euer erneuertes Denken neu! Erhaltet es in der Neuheit und bleibt dabei! Ich ertappe mich manchmal selbst dabei, wie ich – ohne es zu merken – von gewissen Denkweisen der Welt mitgerissen werde. Nur wenn ich nahe beim Evangelium bleibe und mir dessen Inhalte täglich durch das Lesen der Heiligen Schrift bewußt mache, entdecke ich meine gedanklichen Abweichungen. Deshalb lautet die Ermahnung des Petrus gleichsam: „Habt acht auf euren Kopf, umgürtet die Lenden eures Denkens, daß ihr in der Vernunft der **kommenden** Weltzeit bleibt und nicht in der der gegenwärtigen Weltzeit. Seid wachsam und nüchtern, daß eure Gedanken nicht von dieser Welt, sondern von der oberen Welt bestimmt sind, vom Evangelium der Gnade." Paulus schreibt: *„Erneuert euch aber in eurem Geist und Sinn" (Epheser 4,23).* Das ist mit anderen Worten dasselbe, was Petrus anmahnt. Petrus wiederholt diesen Gedanken in 1. Petrus 4, Vers 1 noch einmal und ermahnt: *„Wappnet auch ihr euch mit der gleichen Gesinnung [wie Christus]" (Elb).* Wappnet euch mit den gleichen Gedanken, mit den gleichen Sinnen wie Christus. Die Botschaft lautet also klar und deutlich: Umgürtet euch und wappnet euch, damit euer Denken nicht weltlich, sondern göttlich ist.

Wie sieht das praktisch aus?

Wie das nun praktisch funktionieren kann, will ich an einigen Beispielen erläutern. Wie ist es mit unserer Gedankenwelt? Geht es mit ihr nicht oft drunter und drüber? Wer hat sich nicht auch schon beim Grübeln ertappt? Wie oft spintisieren und phantasieren wir. Wie schnell kann man sich in Gedanken der Eifersucht verlieren; oder wir bilden uns ein, jemand hätte etwas gegen uns. Auch das Hirngespinst der gekränkten Ehre spukt in vielen Köpfen; deshalb spielt man dann den Beleidigten. Und auch Gedanken der Schadenfreude oder Phantasien der Unzucht quälen die Sinne.

Eine besondere Art des weltlichen Denkens ist, sich Sorgen zu machen. Im Gleichnis vom Sämann sagt Jesus: *„Bei dem aber unter die Dornen gesät ist, dieser ist es, der das Wort hört, aber* ***die Sorge der Welt*** *und der Betrug des Reichtums ersticken das Wort" (Matthäus 13,22; Elb)*. Hier haben wir es: Die Welt sorgt sich. Denn die „Sorge dieser Welt" entspringt dem Denksystem dieser gegenwärtigen Weltzeit. Es ist der Vorsorgewahn. Er ist Ausdruck nicht vorhandenen Gottvertrauens, also des Unglaubens. Die Weltkinder können nicht an Gottes (Für)Sorge und Vorsehung glauben, sie können nicht einer guten Bestimmung und einem guten Plan Gottes für ihr Leben vertrauen, darum müssen sie sich selber Sorgen machen und sich im Sorgen und Raffen aufreiben.

Aber auch wir Gotteskinder verfallen nicht selten in denselben Sorgengeist, in die Angst für morgen und übermorgen. Was ist in solchen Fällen mit uns passiert? Wir sind in die Denkmuster dieser Welt zurückgefallen und passen uns ihr wieder an. Wir stellen uns wieder dieser Welt gleich, und unsere Seele gerät in die Hetze eines von Angst gesteuerten Sammel- und Bevorratungstriebs. Wir brauchen ja noch mehr Geld, noch mehr Besitz für alle Fälle – und dafür müssen wir selbstverständlich noch mehr arbeiten. Und wer hart arbeitet, braucht natürlich einen luxuriösen Urlaub, bei dem entsprechende Klamotten nötig sind. So werden wir von selbstgemachten Sorgen getrieben. Und wenn jemand alles sorgend zusammengebracht hat, quält ihn sogleich die Angst, diesen Lebensstandard wieder verlieren zu können. Damit das nicht passiert, geht die Spirale der Sorge in die nächste Runde. Ja, wir sammeln natürlich auch Punkte für unseren guten Ruf, und wir kämpfen für unsere verletzte Ehre aus großer Sorge, daß unser Ansehen schwinden könnte. Manche sammeln fanatisch viel Wissen über gesunde Ernährung und studieren die neuesten Forschungsergebnisse zur Vermeidung von Fett, denn sie wollen 120 Jahre alt werden.

Von diesen Sorgenketten sprach ja Jesus schon in der Bergpredigt: *„Darum sollt ihr nicht sorgen und sagen: Was werden wir essen? Oder was werden wir trinken? Womit werden wir uns kleiden? Nach dem allen trachten die Heiden" (Matthäus 6,31-32).* Wer trachtet danach? Die Heiden, weil sie das Denksystem der Welt beherrscht. Wir aber dürfen von Jesus hören: *„Euer himmlischer Vater weiß, daß ihr all dessen bedürft" (Vers 32).* Die Heiden haben keinen himmlischen Vater. Deshalb müssen sie sich selbst Gott sein. Sie haben keinen Heiland, in dessen Hand ein Gotteskind entspannen kann. Deswegen müssen sie jagen und immer auf der Höhe der Zeit sein. Uns ermahnt Jesus aber, unser Denken von dem der Heiden zu unterscheiden, der Vorsehung Gottes zu vertrauen und in Seiner Gnade zu ruhen. Selbstverständlich sollen Christen verantwortlich handeln, gern zur Arbeit gehen und Vorsorge für das Alter treffen. Aber sie sollen nicht von einem Sorgengeist erfüllt sein, der sie in Angst hält. Das beste ist, wenn Gotteskinder tun, was in ihrer Kraft steht, aber darüber hinaus ihr Leben getrost in Gottes Hände legen und Ihm ihre Zukunft anbefehlen.

Zu den Jüngern, die ihr Leben mit nichts anderem zubrachten als mit der Sorge für ihr Leben, spricht Jesus: *„Ihr Kleingläubigen" (Vers 30).* Ich bin so froh, daß Er nicht gesagt hat: „Ihr Ungläubigen." Ungläubig waren sie nicht, sie waren ja errettet und Seine Jünger. Aber Er sagt: *„Ihr Kleingläubigen."* Wir sind immer dann Kleingläubige, wenn das Denken der Welt auf uns abfärbt. Dann vertrauen wir nicht mehr ganz und gar der Gnade, sondern setzen wieder auf uns selbst. Dieser Kleinglaube verdirbt uns unseren Frieden, unsere Geborgenheit und unsere Gelassenheit. Er raubt uns unsere Lebensqualität als Christen, und wir fallen wieder zurück in das unselige Klagen und Hadern. Das kommt immer dann, wenn wir die Lenden unseres Denkens nicht vom Evangelium her gegürtet haben. Durch Kämpfen, Ringen, Rackern, Jagen, Toben und Hetzen versuchen wir, unsere Ziele zu erreichen. Und dabei muß Gott unser Dienstleister sein. Aber wenn du weißt, daß Gott in allen Lebensfragen dein Versorger ist, dann kannst du Ihm doch vertrauen, auch wenn sich Dinge nicht so entwickeln, wie du es möchtest. Es macht dich krank, wenn du deine Wünsche unbedingt durchsetzen willst; sich aber ganz und gar dem Herrn ergeben ist das Geheimnis größten Glücks. Das entspannt und tut deinem Gemüt äußerst wohl. Darum gürte die Lenden deines Denkens, indem du Gott alles anvertraust, und wappne dein Haupt gegen die Gedanken der Sorgen.

Auch ein anderes Beispiel aus der Bergpredigt zeigt uns, wie das Denken der Kinder Gottes in totalem Widerspruch zu dem Denken der Welt steht. Jesus predigt den Jüngern: *„Glückselig seid ihr, wenn sie euch schmähen und verfolgen und alles Böse lügnerisch gegen euch reden um meinetwillen" (Matthäus 5,11; Elb).* Danach sagt Er nicht: „So seid beleidigt und macht euch gerade und kämpft um eure Ehre." Nein, das sagen die Gedanken der Welt. Christus jedoch empfiehlt bei Beleidigungen und Schmähungen: *„Freut euch und jubelt, denn euer Lohn ist groß in den Himmeln; denn ebenso haben sie die Propheten verfolgt, die vor euch waren" (Vers 12; Elb).* Ist es nicht herrlich, das Los gesegneter Propheten teilen zu dürfen? Wir wollen gerne etwas mit den Propheten gemeinsam haben. Darum laßt uns doch ihre Leiden und Schmähungen teilen. Denn Erniedrigungen und Schmähungen waren auch das Los unseres Herrn. Wie können wir erwarten, daß es uns als Seinen Nachfolgern anders ergehen soll? Jesus sagt: *„Der*

Knecht ist nicht größer als sein Herr. Haben sie mich verfolgt, so werden sie euch auch verfolgen" (Johannes 15,20). Erachte es also als große Freude, um deines Bekenntnisses willen verachtet zu werden. Das zeigt doch, daß man dich mit Christus gleichsetzt. Es muß dich fröhlich machen, so mit Christus identifiziert zu werden. Aber auch aus der Christenheit kann uns Böses entgegenschlagen. Sind dann – wie in der Welt üblich – unsere Gedanken sofort auf Gegenmaßnahmen und auf Heimzahlung aus? Jesus befiehlt uns, anders zu denken: *„Liebt eure Feinde und bittet für die, die euch verfolgen" (Matthäus 5,44).* Umgürte die Lenden deines Denkens mit diesen Gedanken und folge nicht denen der Welt.

Ich kenne Christen, die sofort Depressionen und sogar Nervenzusammenbrüche bekommen, weil man ihre Ehre gekränkt oder sie verleumdet hat. Wer aber von göttlichem Denken erfüllt ist, der weint nicht, sondern sagt: „Danke, Herr Jesus, daß Du mich wert geachtet hast, mit Dir herabgesetzt und entehrt zu werden!" Menschen, die uns böse behandeln, gehören doch von Gott her in unser Leben hinein. Er ist es, der ihnen geheißen hat, so gegen uns zu handeln und zu reden. Das Denken des Evangeliums nimmt jeden Menschen aus Gottes Hand. Und deshalb setzen wir uns nicht mit den Widersachern auseinander, sondern wir reden mit Gott und erbitten Auskunft bei Ihm darüber, zu welchem Guten dieser böse Mensch in unserem Leben beitragen soll. Wenn euer Sinn auf diese Spur kommt, dann merkt ihr augenblicklich, wie eure Seele sich entspannt und entkrampft. Es gibt doch nichts im Leben eines Christen ohne den Willen des Vaters. Nicht einmal ein Haar auf unserem Haupt fällt ohne Gott auf die Erde (vgl. Matthäus 10,29-30). Wieviel weniger ist es Zufall, wenn irgendein Mensch in unser Leben tritt und uns schlecht mitspielt. Wir glauben nicht an Zufälle, auch nicht an irgendein unpersönliches Schicksal, sondern an die Weisheit unseres himmlischen Vaters, der weiß, was gut für uns ist.

Der böse Feind will uns von diesem gesegneten Denken der Wiedergeborenen abbringen und schießt deshalb immer wieder feurige Pfeile weltlichen Denkens in unser Gehirn. Aber Paulus schreibt, was wir zu tun haben: *„Die Waffen unseres Kampfes sind nicht fleischlich, sondern mächtig durch Gott zur Zerstörung von Festungen, so daß wir* ***Vernunftschlüsse zerstören*** *und jede Höhe, die sich gegen die Erkenntnis Gottes erhebt, und* ***jeden Gedanken*** *gefangennehmen unter den Gehorsam gegen Christus" (2. Korinther 10,4-5; Sch 2000).* Hier bringt Paulus die Sache auf den Punkt. Göttliches und weltliches Denken sind wie Feuer und Wasser, wie Licht und Finsternis, wie Wahrheit und Lüge. Durch göttliche Erkenntnis und göttliches Denken bezwingen wir also die Festungen menschlicher Gedankengebäude und weltlicher Vernunftschlüsse. In Jesu Namen.

Es geht um Leiden

Zum Schluß noch ein drittes Beispiel, das uns den Kontrast zwischen geistlichem und fleischlichem Denken zeigt. Gesundheit und äußeres Wohlergehen sind das höchste Gut der Welt. Ist das bei Christen auch so? Mitunter leider ja. Aber wie sieht es die Bibel? *„Da nun Christus für uns im Fleisch gelitten hat, so wappnet auch ihr euch mit derselben Gesinnung" (1. Petrus 4,1; Sch 2000)* – mit demselben Denken also. Christi Gedanken waren, bereit zum Leiden zu sein. Wer von uns ist bereit zum Leiden? Nur wenige. Wir sind reserviert, weil das Denken der Welt auch bei uns wieder eingezogen ist. Gesundheit scheint auch der Christen höchstes Gut zu sein. Aber Petrus sagt, daß die Leidensbereitschaft Jesu uns kennzeichnen sollte.

Wenn es euch von Gott zugedacht ist, dann sagt „ja" zum Leiden, sagt „ja" zum Kranksein, sagt „ja" zur Armut, sagt „ja" zum Single-Dasein, sagt „ja" zu Schmerzen, sagt „ja" zum Pfahl im Fleisch, wie auch Paulus es tat, und sagt „ja" zum Dulden. Weltliches Denken sagt „nein", und die falsche Lehre sagt auch „nein“. Demnach ist Krankheit immer vom Teufel oder Ausdruck mangelnden Glaubens. Habt mit solchem Denken nichts zu schaffen. Denn wenn wir nicht bereit sind, Leid und Schmerz zu erdulden, wie kann dann die Gesinnung Christi in uns sein?

Und es kommt noch ein anderer Aspekt im selben Vers hinzu: *„Wer im Fleisch gelitten hat, der hat abgelassen von der Sünde, um die noch verbleibende Zeit im Fleisch nicht mehr den Begierden der Menschen zu leben, sondern dem Willen Gottes“ (1. Petrus 4,1-2; Sch 2000)*. Petrus macht hier deutlich, welch ein Heiligungssegen im Leiden verborgen liegt. Haben wir das nicht selber auch schon erlebt? Krankheitszeit bringt nicht selten einen starken Schub im Prozeß der Heiligung mit sich. Suchen wir nicht gerade in Leidenszeiten mehr denn je das Angesicht des Herrn und werfen uns viel mehr auf Ihn als in anderen Zeiten? Ganz gewiß. In Schwachheit läßt die Neigung zur Sünde spürbar nach, denn wir beschäftigen uns mehr als sonst mit himmlischen Dingen. Das Schlimmste, was dem Weltmenschen passieren kann, ist, daß er stirbt. Und dieses Schlimmste ist des Christen Bestes. Er sagt: *„Christus ist mein Leben, und **Sterben ist mein Gewinn**“ (Philipper 1,21)*. Merkt ihr, wie gewaltig der Widerspruch zwischen dem Denken der Welt und dem der Christen ist? Und wenn unsere Gedanken auf nichts anderes ausgerichtet sind als nur darauf, gesund zu sein, dann denken wir nicht anders als die Welt.

Wie wichtig ist es also, die Lenden unseres Denkens umgürtet zu haben! Dann erkennen wir nämlich, daß der Tod nichts anderes als der Eingang in die Herrlichkeit Gottes ist und daß er durch Christi Auferstehung seinen Schrecken verloren hat. Wiedergeborene leben in dem Bewußtsein, daß der Tod verschlungen ist im Sieg Jesu Christi. Deshalb hat der Tod für sie den Stachel verloren. Für die Welt ist der Tod voller Schrecken, und sie tut krampfhaft alles, um ihn zu umgehen. Aber für uns Christen ist Sterben gewünschtes Ziel, nämlich der Eingang zum ewigen Leben. Und dieses Denken verschafft uns Lebensqualität. Was uns auch immer widerfährt, selbst der Tod dient zu unserem Allerbesten. Wir sehen also, wie das Denken des Evangeliums die Bedrohung des Todes in unserem Leben unwirksam macht. Hier ist die Weisheit des Kreuzes, die der Welt eine Torheit ist, uns aber Gotteskraft.

Also, liebe Christen, denkt nicht wie die Welt. Verliert euch nicht in euren Sorgen; jubelt, wenn ihr geschmäht werdet, und nehmt alles gern aus Gottes guter Hand, auch das Leiden und das Sterben. Denn ohne Tod gibt es keine Auferstehung und ohne Leiden keine Herrlichkeit. Umgürtet also die Lenden eures Denkens, wappnet euch mit der Gesinnung Christi, seid nüchtern und setzt eure Hoffnung ganz auf die Gnade.

Befreit durch die neue Geburt

„Denn ihr seid wiedergeboren nicht aus vergänglichem, sondern aus unvergänglichem Samen, nämlich aus dem lebendigen Wort Gottes, das da bleibt. Denn »alles Fleisch ist wie Gras und alle seine Herrlichkeit wie des Grases Blume. Das Gras ist verdorrt und die Blume abgefallen«." (1. Petrus 1,23-24)

In den Versen davor appelliert der Apostel an die Gläubigen, Gott gehorsam zu sein, sich nicht den Begierden der Welt anzupassen, sondern wie Gott heilig zu sein. Unmittelbar davor schreibt er, daß sie auch die Bruderliebe üben sollen. Und dann liefert er die Begründung für dieses geheiligte Leben.

Das Fundament für ein geheiligtes Leben

Die Begründung für ein geheiligtes Leben lautet für Petrus: *„Denn ihr seid wiedergeboren."* Darum können Christen Bruderliebe üben, sich nicht den Begierden der Welt gleichstellen und einen geheiligten Lebenswandel führen. Der Grund lautet nicht: „Denn so seid ihr doch von Kindheit an erzogen worden." Nein, die Begründung für die Ermahnung des Petrus lautet: *„Denn ihr seid wiedergeboren."* Nicht durch religiöse Dressur und Willenskraft entsteht ein heiliges und moralisches Leben, sondern durch die Kraft der Wiedergeburt, in der Gott von Seiner göttlichen Natur ins Herz eines Menschen gibt. Das heißt: Wiedergeburt ist Gottes große Befreiung für den Menschen von seinen Bindungen, von seinen Lastern, von seiner Sündhaftigkeit, von seiner Leidenschaft. Der Schlüssel für ein geheiligtes Leben ist das verwandelte Leben – die neue Kreatur.

Nehmen wir das gegebene Stichwort „Bruderliebe" auf. Die Botschaft des Petrus lautet: Habt Bruderliebe, denn ihr seid wiedergeboren, ihr seid dazu fähig geworden. Manche Leute sagen: „Ich kann diesen oder jenen Menschen nicht lieben. Der hat mir zu viel angetan. Ich kann ihm nicht vergeben." Diese deine Aussage ist äußerst problematisch. Weißt du, warum? Weil der Apostel Johannes gemeinsam mit Petrus den Rückschluß zieht: „Wer nicht lieben und vergeben kann, ist nicht wiedergeboren." Johannes sagt in 1. Johannes 4, Vers 7: *„Jeder, der liebt, ist aus Gott geboren" (Elb).* Demnach entsteht die Fähigkeit zu lieben und zu vergeben aus der Neugeburt. Und er fährt fort in Vers 8: *„Wer nicht liebt, hat Gott nicht erkannt, denn Gott ist Liebe" (Elb).* Für wahre Christen gilt also: „Übt die Bruderliebe! Das könnt ihr, denn ihr seid wiedergeboren."

Wer permanent nicht liebt, nicht vergibt, nachträgt, bitter ist usw., der ist nach Gottes Zeugnis nicht wiedergeboren. Wäre er das, hätte er das Leben aus Gott, hätte er Anteil an der göttlichen Natur. Und wie ist die göttliche Natur? Gott ist Liebe. Christlicher Glaube ist also nicht eine einzuübende Religion, ist nicht irgendein auswendig zu lernendes Dogma. Nein, dem christlichen Glauben liegt eine neue Geburt zugrunde, eine neue Schöpfung.

Lieblose Menschen sind in ihrer alten, sündhaften Natur gefangen, und ihnen kann nicht dadurch geholfen werden, daß man sie zu göttlicher Liebe abrichtet. Erziehung hat gewiß auch etwas Gutes. Entgegen seiner sündhaften Veranlagung lieben und vergeben zu sollen, funktioniert vielleicht eine gewisse Zeit. Aber früher oder später ist die alte Lieblosigkeit wieder da. Erziehung gemäß der Gebote Gottes zähmt zwar die sündhaften Auswüchse des Menschen[4], sie verwandelt ihn aber nicht.

In seinem 2. Brief schildert Petrus diesen Vorgang sehr drastisch. *„Die gewaschene Sau [kehrt wieder zurück] zum Wälzen im Schlamm" (2. Petrus 2,22; Sch 2000).* Du kannst ein Schwein dressieren, es auch waschen, ihm dazu noch eine rote Schleife umbinden und es ins Wohnzimmer set-

[4] In der Theologie spricht man hier vom „ersten Gebrauch des Gesetzes".

zen. Aber warte ein Weilchen, dann wirst du sehen, was aus deinem Wohnzimmer geworden ist. Irgendwann kommt das Schwein doch wieder durch! Der Schweinehund in uns, wie der Volksmund sagt, muß innerlich verändert werden. Dressur hilft nichts.

Und das ist meines Erachtens auch das Problem der gutgemeinten Psychotherapie. Sie schafft es nicht, wie wir immer wieder in der Zeitung lesen, zum Beispiel Sexualtäter zu therapieren. Man glaubte und hoffte das, aber bald fielen die Gebundenen wieder zurück. Und die Gesellschaft ist entsetzt und entrüstet, daß wieder ein Kind mißbraucht und ermordet wurde. Das gleiche gilt für alle Sünden. Für den Jähzorn zum Beispiel, für die Unzucht, für die Lüge, den Stolz, die Habgier, den Hochmut, für die Lieblosigkeit. Nach der Schrift kann Sünde nicht therapiert werden. Warum nicht? Weil sie Wesensbestandteil unserer gefallenen menschlichen Natur ist.

Du kannst einen Fuchs nicht therapieren, damit er aufhört zu räubern. Er ist eben ein Fuchs. Du kannst einem Elefanten beibringen, im Zirkus Männchen zu machen, aber er bleibt trotzdem ein Vierbeiner. Natürlich ist so ein Bild begrenzt. Aber der Sünder ist zunächst von Natur aus ein Sünder. Man kann versuchen, seine sündhaften Neigungen zurückzudrängen, aber seinem Wesen nach bleibt er derselbe. Deshalb noch einmal: Erziehung ist wichtig, aber sie löst nicht unser Problem. Dies ist wie bei jener armen Frau, die wegen ihrer Leibesfülle schon viele Therapien, Diätkuren und auch Ernährungsumstellungen versucht hatte, zeitweise mit recht gutem Erfolg. Aber irgendwann kam es immer wieder über sie, und sie schlug sich den Bauch voll – die alte Freßsucht war wieder da. Sie weinte bitterlich.

Natürlich freue ich mich über jeden Arzt, über jeden Therapeuten, der Magersüchtigen, Freßsüchtigen, Jähzornigen, Unzüchtigen, Habgierigen zu helfen versucht, sie zu einem gemäßigten Verhalten zu bringen. Aber die Bibel zeigt uns einen Weg zur wirklichen Befreiung. Und das ist die veränderte Natur, das veränderte Wesen, die neue Geburt. Das ist Gottes Weg zur Freiheit vom Laster, zur Freiheit von der Sünde. Ich hörte von einem Ehemann, der seine Seitensprünge in den Griff bekam, aber die Pornographie wilderte immer noch in seinem Kopf herum. Und so war es nur eine Frage der Zeit, bis er wieder fremdging.

Gewiß ist Zähmung und Therapie immer noch besser, als der Sünde freien Lauf zu lassen. Aber besser wäre eine neue Natur, dem Wesen Christi ähnlich. In der Wiedergeburt empfängst du eine neue Neigung hin zum Reinen und Göttlichen. Die Wiedergeburt ist also eine innere Umwandlung, eine Metamorphose, eine Befreiung zur Liebe, zur Wahrheit, zur Heiligkeit. Diesen Kern des Evangeliums haben wir aus den Augen verloren, und deswegen laborieren und therapieren wir an Symptomen herum, aber nicht an der Wurzel. Das war die Botschaft des Petrus: Seid heilig, denn ihr seid wiedergeboren.

Beschreibung der Wiedergeburt

Nun gibt der Apostel Petrus uns auch eine Beschreibung der Wiedergeburt, indem er sie mit der natürlichen, der ersten Geburt vergleicht. Er sagt nämlich: *„Ihr seid wiedergeboren nicht aus vergänglichem, sondern aus unvergänglichem Samen“ (1. Petrus 1,23).* Zwischen dem natürlichen und dem geistlichen Leben besteht eine gewisse Gleichheit: In beiden Fällen ist die Geburt Voraussetzung. Es sei denn, daß jemand natürlich geboren wird, so kann er das Reich der Natur nicht sehen. Und analog sagt Jesus: *„Es sei denn, daß jemand von neuem geboren werde, so kann er das Reich Gottes nicht sehen“ (Johannes 3,3).* Niemand lebt, der nicht geboren ist. Das gilt auch für das geistliche Leben. Aber bei aller Gleichheit zwischen der ersten und zweiten Geburt besteht dennoch ein entscheidender Unterschied. Jeder natürliche Mensch ist vom ersten Augenblick an zum

Sterben geboren. Das nennt Petrus *„aus vergänglichem Samen geboren"*. Aber der unvergängliche Same, durch den ein Mensch die neue Geburt erlebt, ist eine Geburt nicht zum Tode, sondern zum göttlichen und damit unsterblichen Leben.

Nun schildert uns Petrus das Leben aus dem vergänglichen Samen anhand eines Gleichnisses, nämlich der Blume des Grases: *„Denn alles Fleisch ist wie Gras und alle seine [des Menschen] Herrlichkeit wie des Grases Blume. Das Gras ist verdorrt und die Blume abgefallen" (1. Petrus 1,24).*

Die Blume des Grases

Wie ist es nun mit der *„Blume des Grases"*? Sie ist die Herrlichkeit des Grases. Im Frühjahr erleben wir das alle. Zuerst kommt das Grün aus der dürren Wiese hervor. Im Mai kommen dann auch noch die Blumen dazu. Wie herrlich sind die Wiesen, wenn ein Meer von Butterblumen darauf blüht! Petrus hat recht, die Blume ist wirklich die Herrlichkeit des Grases. Aber nur für einen kleinen Moment, denn schon bald sind die Blumen wieder verblüht. Zurück bleibt das Gras, das schließlich auch verdorrt.

So hat auch unsere menschliche Natur ihre Herrlichkeit. Zuerst kommt ein Baby auf die Welt, das noch nicht die volle Schönheit eines ausgewachsenen Körpers hat. Wenn diese da ist, ist diese schöne Blume des Fleisches schon bald wieder verschwunden. Die Schönheit stirbt zuerst und dann das ganze Fleisch. Auch die menschliche Kraft ist wie die Blume des Grases. Wenn ein Baby geboren wird, ist es nicht stark. In den Zwanzigern wird aus ihm zwar ein Sportler, ein Athlet. Aber die Kraft und Stärke nehmen schon bald wieder ab. Mit zunehmendem Alter welkt auch diese Herrlichkeit des Fleisches. Ebenso ist es mit der Verstandeskraft. Als Baby haben wir noch keine große Denkfähigkeit. Bald entwickelt sich unser Geist zwar zu ungeahnter Größe. Wir lernen lesen, rechnen und denken. Aber auch diese Blume des vergänglichen Fleisches ist schon bald am Verblühen, unser Gedächtnis wird wieder schlechter.

Das ist das Bild, das Petrus vor Augen hat, wenn er schreibt: *„Alles Fleisch ist wie Gras und alle seine [des Menschen] Herrlichkeit wie des Grases Blume. Das Gras ist verdorrt und die Blume abgefallen“ (1. Petrus 1,24).* Schau dir einen Menschen aufgebahrt im Sarge an, und du erkennst sofort die Natur des vergänglichen Samens, und all seine Herrlichkeit ist dahin. Schon die Söhne Korah haben im Psalm 49, Vers 13 gesungen: *„Ein Mensch in seiner Herrlichkeit kann nicht bleiben, sondern muß davon wie das Vieh.“* Das ist der vergängliche Same. Das ist die natürliche Geburt.

Die Natur des neuen Lebens ist unsterblich

Aber so ist es nicht mit der zweiten Geburt. Sie geschieht nicht durch diesen vergänglichen Samen. Vielmehr ist die Natur des neuen Lebens unsterblich, denn sie ist aus Gott. Die zweite Geburt geschieht durch unvergänglichen Samen, nämlich durch das Wort Gottes, das ewiglich bleibt. Ist es nicht ein Jammer, daß wir uns so sehr mit den Dingen des vergänglichen Samens beschäftigen? Hört: Das Wort Gottes ist unvergänglicher Same. Darum sollte die Bibel unser Brot sein, das wir essen, und das Evangelium das Wasser, das wir trinken.

Dieses Leben in Folge der Wiedergeburt aus dem Wort ist also nicht wie das Gras und seine Blume, sondern es wird niemals sterben. Als Jesus dabei war, Lazarus aufzuerwecken, sagte Er: *„Jeder, der da lebt und an mich glaubt, wird in Ewigkeit nicht sterben“ (Johannes 11,26; Sch).* Es kann ja auch nicht anders sein. Denn die Natur des wiedergeborenen Lebens ist göttlich. Deshalb ist sie unzerstörbar.

Es gibt mehrere Gründe, warum das neue Leben in einer wiedergeborenen Seele niemals sterben kann. Wie eben schon dargelegt: Wegen der Besonderheit seiner Natur. **Es ist unvergänglich**. Jesus sagt: *„Wer an den Sohn glaubt, der hat das ewige Leben" (Johannes 3,36).* Wie kann dennoch jemand behaupten, daß ewiges Leben aufhören könne? Sterbliches Leben hört auf, aber ewiges doch nicht. Wenn jemand sagt, er habe einmal ewiges Leben gehabt, es hätte aber aufgehört, dann kann er nie ewiges Leben gehabt haben. Wäre es ewig gewesen, hätte es nicht sterben können. Das wäre ein Widerspruch in sich selbst. Wenn jemand aus Glauben wiedergeboren wurde, dann hat er ewiges Leben, das niemals aufhören wird. Nehmen wir doch die Heilige Schrift beim Wort. Adam produziert sterbliches Leben, aber der Heilige Geist produziert unsterbliches Leben.

Ein weiterer Grund, warum das geistliche Leben in einem Menschen nicht sterben kann, ist der: **Der Heilige Geist versorgt dieses Leben** in dir beständig. Zunächst hat der Heilige Geist in der Wiedergeburt dir dieses unsterbliche Leben eingeatmet. Aber damit nicht genug: Er versorgt dieses, Sein eigenes Leben mit immer neuer Lebensfülle von oben. Durch die Innewohnung Christi in dir besteht eine verborgene Einheit mit dem ewigen Vater. Du und Gott seid nicht mehr zwei, sondern nur noch einer. Du bist Bestandteil und Glied an Seinem Leibe. Also strömt Sein unsterbliches Leben erhaltend durch dich hindurch. Und wenn es Gefahr läuft, wie ein glimmender Docht zu erlöschen, dann entfacht Gott es wieder. Denn Er hat verheißen: *„... den glimmenden Docht wird er nicht auslöschen" (Matthäus 12,20).*

Manchmal qualmt es bei uns Christen aufgrund unseres Ungehorsams, und es stinkt vielleicht auch schon wie bei einer ausgepusteten Kerze. Dann sieht es so aus, als sei alles Leben schon erloschen. Aber den letzten Funken bewahrt der Herr in jedem Seiner Wiedergeborenen, daß Er ihn wieder entfachen kann. Denn bezüglich des Heiligen Geistes hat Jesus versprochen: *„... er bleibt bei euch und wird in euch sein“ (Johannes 14,17)*. Das bestätigt auch Petrus selbst: *„... die ihr in der Kraft Gottes durch Glauben bewahrt werdet zur Rettung ...“ (1. Petrus 1,5; Elb)*.

Wenn auf diese Versicherung hin nun jemand sagen sollte: „Dann kann ich mich ja zurücklehnen“, dann befürchte ich, daß du nicht wiedergeboren bist. Denn die Art des göttlichen Lebens entspricht nicht deiner Äußerung. Hast du wirklich neues Leben aus Gott empfangen, wird genau dieses Leben dich zu einem eifrigen und gehorsamen christlichen Leben stimulieren. Von Weltmenschen können wir das nicht verlangen, aber uns ist es angeboren.

Ein dritter Grund, warum das geistliche Leben in einem Wiedergeborenen nicht sterben kann, ist, **weil Gott es uns verheißen hat**. Jesus hat gesagt: *„... und sie werden nimmermehr umkommen, und niemand wird sie aus meiner Hand reißen“ (Johannes 10,28)*. Und: *„Der in euch angefangen hat das gute Werk, der wird's auch vollenden“ (Philipper 1,6)*. Halleluja!

Kehren wir zum Schluß noch einmal zu dem Bild der Blume zurück. Nicht nur das fleischliche Leben hat seine Blume, sondern auch das geistliche. Die Herrlichkeit des wiedergeborenen Lebens ist jedoch nicht die vergängliche Blume des Grases, sondern Jesus. Er ist die Herrlichkeit des wiedergeborenen Lebens. Er ist die Rose von Saron und die Lilie im Tale. Er ist der Schönste von Zehntausend. Diese Blume, Jesus, wird niemals verblühen. Er ist unsere Schönheit, die in Ewigkeit bleibt. Ich schaue in einige Gesichter, die schon ziemlich faltig sind. Ich sehe eure dicken Brillen, eure Hörgeräte, eure grauen Haare und eure Goldzähne und auch euren schweren Gang. Der äußere Mensch zerfällt. Seine Blume verwelkt.

Aber ich sehe noch etwas anderes in den Gotteskindern: Ich sehe Jesus in ihnen. Und das macht sie schön! Eure

Reinheit, eure Liebe, eure Geduld, eure Sanftmut, euer Glaube machen euch so schön. Das ist das Wesen Jesu, das aus euch strahlt. Ihr habt eine Herrlichkeit in euch, die nie vergeht. Denn der innere Mensch wird von Tag zu Tag erneuert. Es ist die unvergängliche Schönheit Jesu. Halleluja. Wenn ich in unseren Gottesdienstraum schaue, sehe ich nicht mehr Falten und Glatzen, sondern Menschen voller Herrlichkeit und unvergänglicher Schönheit. Ich sehe Jesus in euch, die Blume eures Lebens. Wie heißt es doch so schön? *„Christus in euch, die Hoffnung der Herrlichkeit“ (Kolosser 1,27).* Darum ruft Paulus: *„Christus ist mein Leben, und Sterben ist mein Gewinn“ (Philipper 1,21).* Christus ist seine Blume, seine Liebe, seine Freude und seine ewige Lust. Das soll auch bei uns so sein.

Christus unser Schicksal

„Siehe, ich lege in Zion einen auserwählten, kostbaren Eckstein; und wer an ihn glaubt, der soll nicht zuschanden werden.“ *(1. Petrus 2,6)*

Der Apostel Petrus spricht hier in Anlehnung an mehrere alttestamentliche Texte von einem Stein, von einem Eckstein. Und dieser Stein ist ein Gleichnis auf unseren Herrn Jesus Christus. Auch Paulus spricht von Christus als einem Stein, nämlich einem Felsen, der Israel durch die Wüste begleitete: *„Sie tranken nämlich von dem geistlichen Felsen, der ihnen folgte. Der Fels aber war Christus“ (1. Korinther 10,4).* Was wird nun in unserem Textabschnitt von Christus gesagt?

Gott hat Ihn erwählt

„Siehe, ich lege in Zion einen auserwählten, kostbaren Eckstein.“ Gottes Eckstein ist also kein anderer als Jesus Christus allein. Er ist des Vaters Auserwählter und ersehen vor Grundlegung der Welt (1. Petrus 1,20). Der Eckstein war früher der große Stein, der bei der Grundlegung eines Hauses an dem Ort plaziert wurde, wo zwei Mauern zusammentreffen sollten. Dieses Eckstein-Fundament war für die Statik des gesamten Gebäudes von größter Bedeutung. Und darum übersetzen einige auch „Grundstein“. Andere Übersetzungen, wie z.B. die konkordante Übersetzung, sagen „Schlußstein“. In der Antike mußten Bögen und Gewölbe durch einen Schlußstein gehalten werden, der als letztes in den First eingepaßt wurde, bevor man das Gerüst abbauen konnte. Dieser Schlußstein war es dann, der die mächtige Konstruktion zusammenhielt. Und so kann man Christus sowohl Eckstein als auch Grundstein und auch Schlußstein nennen. Und Gott sagt: Mein Sohn gleicht einem solchen Stein. Denn Christus ist *„... das A und das O,*

der Erste und der Letzte, der Anfang und das Ende" (Offenbarung 22,13).

Das heißt, Jesus Christus ist alles in allem. *„Denn es hat Gott wohlgefallen, daß in ihm alle Fülle wohnen sollte" (Kolosser 1,19). „Denn in ihm ist alles geschaffen, ... es ist alles zu ihm und durch ihn erschaffen. Und er ist vor allem, und es besteht alles in ihm" (Vers 16-17).* So spricht die Bibel also von Jesus als einem lebendigen Stein. Gott hat Seinen Sohn zum Träger und Erhalter des gesamten Universums gemacht. Die ganze Schöpfung besteht nicht durch irgendwelche anonymen, zufälligen Naturkräfte, wie man allgemein glaubt. Nein, das Universum besteht durch Jesus Christus, den auserwählten, kostbaren Eckstein, auch die erlöste Gemeinde und alles Heil in dieser Welt. Jesus ist die Achse allen Lebens, Er ist die Sonne aller Völker, Er ist das Haupt und die Krone Seiner Gemeinde. Dazu hat Ihn Gott gemacht. Denn Er bezeugt: *„Dies ist mein lieber Sohn, an dem ich Wohlgefallen habe" (Matthäus 3,17).*

Dieser Eckstein ist nicht nur stark und tragfest, sondern auch rein, edel und kostbar. Darum verkündigt die Offenbarung: *„Und siehe, ein Thron stand im Himmel, und auf dem Thron saß einer, ... anzusehen wie der Stein Jaspis und Sarder" (Offenbarung 4,2-3).* Und dieser Heilige und Reine *„erniedrigte sich selbst und ward gehorsam bis zum Tode, ja zum Tode am Kreuz. Darum hat ihn auch Gott erhöht und hat ihm den Namen gegeben, der über alle Namen ist" (Philipper 2,8-9).* Und weil Jesu Name über alle Namen ist, predigt Petrus: Es ist *„in keinem andern das Heil, auch kein andrer Name unter dem Himmel den Menschen gegeben, durch den wir sollen selig werden" (Apostelgeschichte 4,12).* Wir sehen: Jesus Christus ist der große, herrliche, alles entscheidende Eckstein, den Gott in Zion gelegt hat. Mit Ihm steht oder fällt unser Leben, wie Simeon es sagte: Er *„ist gesetzt zum Fall und zum Aufstehen für viele" (Lukas 2,34).* Gott, der Vater, hat Jesus buchstäblich zu unserem Schicksal gemacht und auch zu dem der ganzen Welt. Denn wer nicht für Ihn ist, der ist gegen Ihn. So hat es Gott gewollt. Darum spricht Er: *„Siehe, ich lege einen auserwählten, kostbaren Eckstein in Zion."*

Der Mensch verwirft Ihn

Aber was machen wir mit diesem Stein? Hier kommt die Tragik: Der Mensch verwirft Ihn, wie ein Maurer, der einen guten Stein in der Hand hatte, den dann aber doch unpassend fand. So wird der Stein einfach in den Schuttcontainer geworfen. Er wird entsorgt. So haben es die Menschen mit Jesus getan. Aber erstaunlich ist, daß gerade der Stein, den die Bauleute verworfen haben, zum Eckstein geworden ist. Wenn selbst die ganze Welt den Heiland verwirft, hält Gott dennoch an Seinem Vorsatz fest, Seinen geliebten Sohn zum Eckstein zu machen. Die Menschen haben Jesus besonders durch den Akt der Kreuzigung verworfen. Aber indem sie Ihn verwarfen, halfen sie mit, daß Er zum Erlöser der Welt wurde. *„Er kam in sein Eigentum, und die Seinen nahmen ihn nicht auf" (Johannes 1,11).* Denn sie sagten: *„Wir wollen nicht, daß dieser über uns herrsche" (Lukas 19,14).* Darum schreibt Petrus die nachdenkenswerten Worte: *„... ein Stein des Anstoßens und ein Fels des Ärgernisses. Sie stoßen sich an ihm, weil sie nicht an das Wort glauben, wozu sie auch bestimmt sind" (1. Petrus 2,8).* Das heißt, sie mußten Christus kreuzigen, und auch heute muß Anstoß an Ihm genommen werden, damit das prophetische Wort in Erfüllung geht und schließlich Christus Seine Macht und Herrlichkeit auch über Seine Widersacher offenbart.

Woran nehmen die Menschen Anstoß, und worüber ärgern sie sich? Seine Gottheit und auch die Jungfrauengeburt sind ihnen ein Dorn im Auge. Ein anderer Stachel ist Christi Alleinanspruch. Wie kann Er denn sagen, daß Er allein der Weg, die Wahrheit und das Leben ist? Und dann fügt Er noch hinzu: *„Niemand kommt zum Vater denn durch mich" (Johannes 14,6).* Oh, welch ein Ärgernis!

Dann stört es die Menschen sehr, daß Gott nur in Christus handelt nach dem Wohlgefallen Seines Willens. Aber der aufgeklärte Mensch will doch mitreden. Gott kann doch nicht einfach festsetzen. Wir wollen doch mitbestimmen, zumindest diskutieren, denn wir sind doch freie Wesen. Auch Christi Botschaft von Gericht und Verdammnis bringt die Menschen zur Weißglut. Aber es hilft nichts, Gott hat Jesus zum Eckstein gemacht. Widerspruch, Unglaube und Haß ändern nichts an der absoluten Herrschaft Christi. Vielmehr warnt Er: *„... wer auf diesen Stein fällt, wird zerschmettert werden, aber auf wen er fallen wird, den wird er zermalmen" (Matthäus 21,44; Elb).*

Darum verwirf den Sohn Gottes nicht! Es hat keinen Sinn. Denn Er ist und bleibt Eckstein, einerlei wie du zu Ihm stehst. Das einzige, was das Verwerfen dir bringt, ist, daß du ewiger Verlierer bist. Aber *„wer an ihn glaubt, der soll nicht zuschanden werden" (1. Petrus 2,6).* Darum setze dein ganzes Vertrauen auf den, den Gott auch für dich zum Eckstein gemacht hat, und du wirst leben.

Ein geistliches Haus

Wenn also jemand ein tragfähiges Fundament für sein Leben sucht, findet er diesen Halt und diese Sicherheit nur in Jesus Christus. *„Denn einen anderen Grund kann niemand legen außer dem, der gelegt ist, welcher ist Jesus Christus" (1. Korinther 3,11; Sch 2000).* Und die Bergpredigt schließt Jesus mit den Worten ab: *„Jeder nun, der diese meine Worte hört und sie tut, den werde ich mit einem klugen Mann vergleichen, der sein Haus auf den Felsen baute" (Matthäus 7,24; Elb).* Bei Regen und Überschwemmung blieb es stehen. Baue also nicht auf Sand, nicht auf Menschenklugheit, sondern baue dein Leben auf den auserwählten und kostbaren Eckstein, den Gott für dich gesetzt hat. Dazu fordert uns Petrus nun auf, indem er schreibt: *„So laßt auch ihr euch nun als lebendige Steine aufbauen, als ein geistliches Haus, als ein heiliges Priestertum, um geistliche Opfer darzubringen" (1. Petrus 2,5; Sch 2000).*

Es soll also ein geistliches Haus gebaut werden. Petrus erinnert sich wahrscheinlich hierbei an das Erlebnis, das er einmal mit Jesus hatte. Es kam die Frage bei den Jüngern und anderen Menschen auf: Wer ist dieser Jesus? Und der Herr fragte: „Was sagt ihr denn?" Die einen sagen: „Er ist ein Prophet oder ein Täufer, vielleicht ist Er auch Elia." Wir würden heute sagen: Er ist ein guter Mensch, vielleicht ist Er auch ein Sozialist oder ein Humanist. Darauf fragte Jesus konkret, was Seine Jünger denn meinten. Und dann kam die bekannte Antwort des Petrus: *„Du bist Christus, des lebendigen Gottes Sohn" (Matthäus 16,16).* So, da war das Fundament gelegt: *„Selig bist du, Simon, Jonas Sohn; denn Fleisch und Blut haben dir das nicht offenbart, sondern mein Vater im Himmel" (Vers 17).* Daß Jesus Sozialist oder ein Lehrer der Nächstenliebe wäre, könnte uns unser Kopf eingeben, vielleicht auch unser Bauch. Aber daß Christus der Sohn Gottes ist, das kommt nicht aus dem Gehirn, sondern aus dem Heiligen Geist. Das ist eine Offenbarung. Und auf diese, dem Petrus offenbarte Wahrheit will Jesus Seine Gemeinde bauen. Christus, der Sohn Gottes, ist also der Eckstein der Gemeinde.

Johannes kommt genau auf denselben Punkt wie Jesus: *„Ein jeder Geist, der bekennt, daß Jesus Christus in das Fleisch gekommen ist, der ist von Gott. Und ein jeder Geist, der Jesus nicht bekennt, der ist nicht von Gott. Und das ist der Geist des Antichrists" (1. Johannes 4,2-3).* Warum? *„Das ist der Antichrist, der den Vater und den Sohn leugnet. Wer den Sohn leugnet, der hat auch den Vater nicht" (1. Johannes 2,22-23).* Habt ihr auch schon Menschen getroffen, die sagten: „An Gott glaube ich, aber wozu brauche ich Jesus?“ Manche behaupten: „Alle Religionen haben den gleichen Gott.“ Das könnte aber nur sein, wenn alle bekennen würden: „Jesus Christus ist der Sohn meines Gottes.“ Dann hätten wir den gleichen Gott.

Ich will einmal das Fundament der Gemeinde mit Hilfe des apostolischen Glaubensbekenntnisses darstellen. Es lautet:

> „Ich glaube an Gott, den Vater, den Allmächtigen, den Schöpfer des Himmels und der Erde.
>
> Und an Jesus Christus, Seinen eingeborenen Sohn, unsern Herrn. Empfangen durch den Heiligen Geist, geboren von der Jungfrau Maria. Gelitten unter Pontius Pilatus, gekreuzigt, gestorben und begraben, hinabgestiegen in das Reich des Todes, am dritten Tage auferstanden von den Toten, aufgefahren in den Himmel, Er sitzt zur Rechten Gottes, des allmächtigen Vaters, von dort wird Er kommen, zu richten die Lebendigen und die Toten.
>
> Ich glaube an den Heiligen Geist, die heilige christliche Kirche, Gemeinschaft der Heiligen, Vergebung der Sünden, Auferstehung der Toten und das ewige Leben. Amen.“[5]

Das ist zwar kein Bibelwort, aber eine Zusammenfassung dessen, was Jesus Christus ist, was das Fundament und was letztlich auch das Haus ist, das darauf gebaut wird. Dieses ist die Gemeinde, die auch die Braut Jesu Christi genannt wird.

---

[5] Das apostolische Glaubensbekenntnis (kurz Apostolicum) hat sich aus dem altrömischen Glaubensbekenntnis (Romanum) seit Ende des 2. Jh. n.Chr. entwickelt. Der heute übliche Text steht seit Mitte des 8. Jh. fest. Er ist Bekenntnis praktischer aller Westkirchen, also der Katholischen Kirche sowie der evangelischen Kirchen. Der Text wurde zitiert nach http://www.ekd.de/bekenntnisse/apostolisches_glaubensbekenntnis.html (01.01.2006).

Warum hat Gott Himmel und Erde und das Universum geschaffen? Wegen Seiner Braut. Jemand sagte einmal: „Die ergreifendste Liebesromanze des Universums ist Jesus Christus und Seine Gemeinde.“ Paulus schreibt: *„Das Geheimnis ist groß; ich deute es aber auf Christus und die Gemeinde“ (Epheser 5,32).* Weiter lehrt der Apostel, daß diese Gemeinde verborgen war von Ewigkeit her. Eines Tages wurde ihm aber eine ebensolche Offenbarung zuteil, wie sie Petrus bezüglich der Gottessohnschaft Jesu erhalten hatte. Dem Paulus wurde dabei das Wesen der Gemeinde, des weltweiten Hauses Gottes, offenbart.

Das geistliche Haus für alle Völker

Die Völker- und Religionswelt ist bis zu unserer Zeit tief gespalten. Und die Grundspaltung besteht in der Zerrüttung von Juden und Heiden. Wir sehen das heute nicht zuletzt an der Auseinandersetzung zwischen Juden und Palästinensern. Diese Feindschaft zieht sich durch alle Völker. Das Judentum ist buchstäblich ein Laststein (vgl. Sacharja 12,3), an dem sich die anderen Völker stoßen. Aber auch die Heiden untereinander sind gespalten, die Hinduisten, die Buddhisten, die Moslems, die Kommunisten und Kapitalisten. Und nun geht das große Ringen der Regierungen, der Philosophen und Friedensforscher darum, diese gespaltene Menschheit zu versöhnen, damit die Welt nicht in Blut und Elend untergeht. Ihre Heilmedizin lautet Dialog, Verständigung, Kompromiß und Toleranz. Mit diesen Mitteln wollen sie der Welt ein Haus des Friedens bauen. Sie setzen ihre Hoffnung auf die Ökumene aller Religionen. Und die führenden Diplomaten der Welt meinen es gut. Aber das gemeinsame Haus, das sie bauen wollen, ist kein geistliches Haus. Und deshalb scheitert es. Trotz aufrichtiger Bemühungen bleibt die Welt in Verzweiflung.

Hier kommt das Geheimnis der Gemeinde hinein, das das Evangelium offenbart, nämlich die Botschaft vom

geistlichen Haus. Denkt an die Pfingstgeschichte! Damals war der internationale Anfang des geistlichen Hauses auf dem Fundament Christi. Aus der ganzen damaligen Welt waren Menschen nach Jerusalem gekommen und daher viele Volksgruppen und Sprachen vertreten. Heute würden wir sagen: Da waren Moslems, Hindus, Buddhisten, Russen, Araber, Amerikaner, Chinesen und Koreaner versammelt – alle waren sie da. Und was passierte? Ein gewaltiges Wunder. Auf einmal verstanden alle die Predigten der
Apostel in ihrer eigenen Sprache (Apostelgeschichte 2,4-11), und sie priesen den ewigen Gott und den Eckstein, den kostbaren, auserwählten Stein. Und sie wurden zum Frieden gebracht, zur Versöhnung, unter diesem einen Namen Jesus Christus, ohne Terror und Gewalt. Durch die Ausgießung des Heiligen Geistes in ihre Herzen hinein wurden diese kulturell getrennten Menschen ein Herz und eine Seele. 3000 Menschen wurden getauft. So begann der Bau des geistlichen Hauses, und so wird die Gemeinde bis heute weltweit offenbar, bis sie eines Tages herrlich vollendet wird.

Der Auftrag der Gemeinde Gottes

Dieses vor ewigen Zeiten verborgene Geheimnis bezeichnet Paulus als die überragende Weisheit Gottes. Hört einmal, wie der große Paulus dieses Geheimnis beschreibt: *„Christus ist es, der uns allen den Frieden gebracht und Juden und Nichtjuden zu einem einzigen Volk verbunden hat. Er hat die Mauer eingerissen, die die beiden trennte und zu Feinden machte. Denn durch sein Sterben hat er das jüdische Gesetz mit seinen zur Trennung führenden Vorschriften beseitigt. So hat er Frieden gestiftet. Er hat die getrennten Teile der Menschheit mit sich verbunden und daraus den einen neuen Menschen geschaffen. Durch seinen Tod am Kreuz hat er die beiden – als in einem Leib, der Gemeinde, vereinigte – zur Aussöhnung mit Gott gebracht.*

In seiner Person, durch seinen Tod, hat er alle Feindschaft für immer getötet. Und dann kam er und hat diesen Frieden allen verkündet: euch, die ihr fern wart, und ebenso denen, die nahe waren. Durch ihn dürfen wir beide, Juden und Nichtjuden, in einem Geist vor Gott, den Vater, treten. Ihr Menschen aus den anderen Völkern seid also nicht länger Fremde und Gäste. Ihr habt Bürgerrecht im Himmel zusammen mit den heiligen Engeln, ihr seid Gottes Hausgenossen. Denn ***ihr seid ja in den Bau eingefügt****, dessen Fundament die Apostel und Propheten bilden, und der Eckstein im Fundament ist Jesus Christus. Durch ihn wird der ganze Bau zusammengehalten, durch ihn, den Herrn, wächst er auf zu einem heiligen Tempel. Weil ihr zu Christus gehört, seid auch ihr als Bausteine in diesen Tempel eingefügt, in dem Gott durch seinen Geist wohnt" (Epheser 2,14-22; Gute Nachricht Bibel).*

Laßt uns für unsere Politiker beten, die aufrichtig die Welt zur Versöhnung bringen wollen, es aber nicht schaffen, weder mit Diplomatie noch mit Waffen. Die Friedenssehnsucht der Menschen kann nur Jesus durch das geistliche Haus erfüllen. Und dieses Haus ist offen für alle Völker, für alle Nationen, für alle Sprachen, für alle Rassen. Im Haus der Gemeinde gibt es keinen Rassismus. Diese Probleme haben die Gemeinden nicht. Obwohl wir der ethnischen Herkunft nach immer noch Juden, Griechen, Amerikaner, Araber, Chinesen oder Deutsche sind, sind wir geistlich gesehen – und das ist die eigentlich entscheidende Frage – alle einer in Jesus Christus. Halleluja. Das ist das Fundament, und auf diesem Fundament baut Jesus Seine Gemeinde. Darin liegt die Hoffnung. Unsere religiösen Satzungen, die jeder in seiner Religion erbringen müßte, scheiden uns voneinander. Aber Jesus hat sie alle hinweggetan, und wir dürfen auferbaut werden durch das Evangelium von der Gnade und dem unverdienten göttlichen Erbarmen. Das ist die Botschaft von der Gottesgnade für alle Menschen.

Dieses geistliche Haus ist Gottes ewiger Ratschluß, *„nach dem Vorsatz der Ewigkeiten, den er gefaßt hat in Jesus Christus, unserm Herrn" (Epheser 3,11; Sch 2000).* Und dieser Vorsatz ist unumstößlich. Dieses Haus, diese Gemeinde wird niemals abgebrochen werden. Jesus hat schon zu Petrus gesagt: *„Die Pforten der Hölle werden sie nicht überwältigen" (Matthäus 16,18; Elb).* Christen mögen verfolgt werden, ihre Gemeindehäuser verbrannt werden, aber die Gemeinde, Gottes geistliches Haus, wird niemals untergehen!

Das möchte ich auch allen mutlosen Pastoren zurufen, die in ihrem Umfeld mancherlei Kämpfe und Enttäuschungen zu verarbeiten haben. Mache dir keine Sorge wegen deines vermeintlichen Mißerfolgs. Was bei dir wie ein Mißerfolg aussieht, ist bei Gott noch lange kein Mißerfolg. Denn wenn du deinem Gott dienst, auch in Schwachheit und in vermeintlichen Niederlagen, darfst du wissen: Die Gemeinde wird leben und alles überleben. Manche Christen machen sich Sorgen, daß das Christentum möglicherweise vom Islam besiegt wird. Dem säkularen Christentum wird das vielleicht so ergehen. Aber das Christentum Gottes, Sein geistliches Haus, die Gemeinde, ist nicht auf dem Rückzug, sondern auf dem Vormarsch. Weder Tod noch Teufel noch Dämonen können ihren Sieg aufhalten. Die Zukunft der Welt heißt schlicht: Die Gemeinde Jesu Christi.

Darum setze auch du deine Hoffnung ganz allein auf Jesus und laß dich als lebendigen Stein in den Bau Seiner Gemeinde einfügen. So hast du Zukunft und ewiges Leben.

Merkmale eines guten Lebenswandels

„Und führt einen guten Wandel unter den Heiden, damit sie da, wo sie euch als Übeltäter verleumden, doch aufgrund der guten Werke, die sie gesehen haben, Gott preisen am Tag der Untersuchung. Ordnet euch deshalb aller menschlichen Ordnung unter um des Herrn willen, es sei dem König als Oberhaupt oder den Statthaltern als seinen Gesandten."

(1. Petrus 2,12-14a; lies 11-25; Sch 2000)

Fremdlingsschaft

Was war der Ausgangspunkt, der Petrus veranlaßte, seine Leser zu einem guten Lebenswandel unter den Heiden aufzurufen? Er erinnerte sie daran, daß sie Fremdlinge waren, und grüßte die zerstreuten Gläubigen in den verschiedenen Gegenden (1. Petrus 1,1; 2,11). Sie waren aufgrund der Repressalien und des Druckes, den man von seiten der Obrigkeit her auf sie ausgeübt hatte, überall dorthin verstreut – es herrschte Christenverfolgung. Und nun sagt er: Liebe Schwestern und Brüder im Glauben, jetzt muß ich euch sagen, wie ihr dort in dieser Fremdlingsschaft leben sollt, wie ihr euch verhalten sollt, denn ihr seid *„Fremdlinge und Wanderer ohne Bürgerrecht" (1. Petrus 2,11; Sch 2000)*. Das heißt: Wir als Christen sind auch Fremdlinge in dieser Welt, ohne Bürgerrecht aus der Perspektive Gottes und aus der Perspektive unserer Zukunft. Natürlich haben wir einen irdischen Paß, aber eben kein geistliches Bürgerrecht auf dieser Erde. Die Glaubenden der Bibel *„haben bekannt, daß sie Gäste und Fremdlinge auf Erden sind" (Hebräer 11,13). „Unsere Heimat aber ist im Himmel. Von dorther erwarten wir auch Jesus Christus, den Herrn, als Retter" (Philipper 3,20; Ein).* Anstelle von *„unsere Heimat"* heißt es in einigen Bibelübersetzungen *„unser Bürgerrecht ist im Himmel" (Elb, Sch, LÜ '84).*

Der Hamburger Theologie-Professor Helmut Thielicke überschrieb eines seiner Bücher mit den Worten: „Zu Gast auf einem schönen Stern“[6]. Er meinte natürlich jeden Erdenbürger, denn niemand kann hier bleiben. Aber insbesondere Christen sind Gäste unter den Menschen. Als solche sind wir Ausländer, Fremdlinge. Eine Weile leben wir hier, aber unsere Heimat ist nicht hier. Jetzt stellt sich die Frage: Wie benehmen sich Gäste in einem fremden Land? Wie benehmen sich Christen als Fremdlinge in dieser Welt? Sie führen einen guten Lebenswandel, sagt Petrus.

Unterordnung

Unterordnung ist der entscheidende Wesenszug eines guten Wandels. Denn Petrus schreibt: *„Ordnet euch deshalb aller menschlichen Ordnung unter“ (1. Petrus 2,13; Sch 2000)*. Unterordnung ist ja in einer emanzipierten Gesellschaft kein sehr beliebtes Wort. Aber wir als Christen haben diese Weisung empfangen. Eigentlich ist es auch etwas Selbstverständliches, die Regeln und Gesetze des Gastlandes zu akzeptieren. Wenn du als Deutscher nach England fährst und dort mit dem Auto am Straßenverkehr teilnimmst, beachtest du doch auch die gegebenen Gesetze und fährst nicht auf der rechten Straßenseite. Und wenn du es doch tust, wirst du vor ein englisches Gericht kommen. Sie werden dir sagen, daß du hier in England bist und somit die Rechte und Ordnungen des Gastlandes zu respektieren hast.

Menschlich gesehen hätte Petrus die Christen verstehen können, wenn sie gegen die Mächtigen aufbegehrt hätten. Denn die Christen wurden seit Anbeginn verfolgt. Man hat sie ihrer irdischen Heimat beraubt, hat ihnen Haus und Hof genommen. Sie sind auf alle nur erdenkliche und grausame

[6] Hoffmann und Campe: Hamburg, 1984[1], 1986[7], Piper: München, 1997 Taschenbuchausgabe

Weise verfolgt worden. Hätte Petrus dann nicht schreiben sollen: „Hört mal, euch widerfährt Unrecht. Erhebt euer Haupt! Nehmt euer Widerstandsrecht wahr. Protestiert!" Nein, das tut er nicht. Vielmehr schreibt er: „Ordnet euch ihnen unter, indem ihr Gutes tut, indem ihr die Obrigkeit respektiert, indem ihr treu seid, indem ihr gute Gäste in einem fremden Land seid, indem ihr eure Pflicht tut und die Ordnungen des Landes, in dem ihr lebt, beachtet." Der Wesenszug eines biblischen Wandels ist also nicht ziviler Ungehorsam gegen menschliche Ordnung, sondern Respekt, guter Wille, ja, auch Gehorsam – auch in Zeiten der Repressalien.

Die Begründung für die Unterordnung

Petrus gibt uns auch die Begründung für die Unterordnung. *„Ordnet euch deshalb aller menschlicher Ordnung unter um des Herrn willen" (1. Petrus 2,13; Sch 2000).* Unterordnung soll nicht wegen der ungerechten Obrigkeit, wegen der guten oder schlechten Regierung, nicht um der Menschen willen geschehen. Vielmehr wird unser christlicher Lebenswandel immer an unserer Beziehung zu Jesus Christus festgemacht. So hat es uns Paulus geschrieben (Kolosser 3,17+23), und so schreibt es uns Petrus. Im Grunde ist das der Grundtenor der gesamten Heiligen Schrift: Tut alles zur Ehre Gottes. Ganz gewiß ist das Beachten der staatlichen Ordnung auch in sich selbst ein Beitrag zum Frieden im Land. Allerdings ist manchmal die staatliche Ungerechtigkeit so groß, daß man ihr auch als Christ nicht folgen kann, das ist klar (vgl. Apostelgeschichte 5,29). Dazu möchte ich später noch mehr sagen. Deshalb soll unsere Unterordnung nicht wegen der guten oder schlechten Obrigkeit erfolgen, sondern um Jesu willen.

Petrus erweitert das Thema auch auf Haus und Familie. Er zeigt am Beispiel eines Hausangestellten, wie Christen grundsätzlich denken und handeln sollen. *„Ihr Haus-*

knechte, seid in aller Furcht euren Herren untertan, nicht nur den guten und milden, sondern auch den verkehrten!" (Sch 2000) oder *„den wunderlichen"*, wie Luther übersetzt (1. Petrus 2,18; LÜ 1912). Man könnte auch sagen: „Ordnet euch unter dem bösen, dem ungerechten, dem verkehrten Chef, der verkehrten Regierung, dem verkehrten Gemeindeleiter, dem verkehrten Vater, dem verkehrten Lehrer."

Das klingt hart in unseren Ohren. Wir sind versucht zu sagen: „Wir leben heute in einer liberalen Gesellschaft. Das kann man doch nicht mehr so sagen." Aber Gottes Wort ist bindend für die Gemeinde Jesu. Petrus sagt sogar: *„Denn das ist Gnade, wenn jemand, weil er im Gewissen an Gott gebunden ist, Kränkungen erträgt, indem er zu Unrecht leidet. Denn was ist das für ein Ruhm, wenn ihr geduldig Schläge ertragt, weil ihr gesündigt habt? Wenn ihr aber für Gutestun leidet und es geduldig ertragt, das ist Gnade bei Gott" (1. Petrus 2,19-20; Sch 2000).* Wir leben die Gnade erst dann aus, wenn unser christliches Verhalten Autorität auch dann anerkennt, wenn sie uns eigentlich benachteiligt und unkorrekt behandelt.

Erinnern wir uns an Jesus. Wie ungerecht, wie grausam wurde Er von den Obrigkeiten behandelt! Und trotzdem befahl Er den Seinen, dem Kaiser die Steuern zu entrichten. Er rief nicht zum Steuerboykott auf – obwohl das ganze System Unrecht war. Die Römer hatten das Land Israel besetzt und ihre Herrschaft den Juden aufgedrückt. Und doch sagt Jesus: *„Gebt dem Kaiser, was des Kaisers ist (Matthäus 22,21).* Ehrt ihn."

Als die Gerichte Jesus verhaften ließen, wollte Petrus Widerstand leisten. Aber Jesus sagte: *„Stecke dein Schwert an seinen Ort" (Matthäus 26,52).* Statt zu drohen und zu schelten, betete Jesus lieber für Seine staatlichen Mörder. Natürlich hat Jesus zu dem Unrecht auch Stellung genommen. Als ein Kriegsknecht während des Verhörs einfach auf Jesus einschlug, nahm Er das nicht unkommentiert hin, sondern sagte: *„Habe ich übel geredet, so beweise es, daß es böse ist. Habe ich aber recht geredet, was schlägst du mich?" (Johannes 18,23).* Unterordnung bedeutet also nicht zwangsläufig, zu Ungerechtigkeit zu schweigen; aber sie bedeutet durchaus, sie im Zweifelsfall zu erdulden – um des Herrn willen.

So ist Jesus für uns auch in diesen Dingen ein großes Vorbild, wie Petrus schreibt: *„Denn dazu seid ihr berufen, weil auch Christus für uns gelitten und uns ein Vorbild hinterlassen hat"* – in dem Ertragen von Unrecht –, *„damit ihr seinen Fußstapfen nachfolgt. »Er hat keine Sünde getan, es ist auch kein Betrug in seinem Mund gefunden worden«; als er geschmäht wurde, schmähte er nicht wider, als er litt, drohte er nicht, sondern übergab es dem, der gerecht richtet" (1. Petrus 2,21-23; Sch 2000).* Das ist eine große Herausforderung für uns, gewiß. Gleichzeitig ist es eigentlich eine Ehre, wegen unseres Glaubens an Jesus auch Ungerechtigkeiten ausgesetzt zu sein. Und wir wissen, daß die *„Gemeinschaft seiner Leiden"* auch die *„Kraft der Auferstehung"* bedeutet (Philipper 3,10).

Aber es gibt noch einen zweiten Grund, weshalb wir uns unterordnen sollen: Gott selbst hat alle Autorität eingesetzt. Besonders Paulus lehrt uns das in Römer 13: *„Jedermann ordne sich den Obrigkeiten unter, die über ihn gesetzt sind; denn es gibt keine Obrigkeit, die nicht von Gott wäre; die bestehenden Obrigkeiten aber sind von Gott eingesetzt" (Römer 13,1; Sch 2000).* Hier haben wir wieder die menschlich gesehen schwer verständliche Lehre von Gottes Souveränität und Vorsehung, gerade wenn es um diktatorische Regierungen und Unrechtssysteme geht. Wie können wir da noch sagen: „Das ist von Gott"? Aber die Bibel erklärt uns: Gott ist souverän. Und wir dürfen nicht aussortieren, welche Obrigkeit von Gott ist und welche nicht. Vielmehr heißt es: „Jede Obrigkeit ist von Gott. Es gibt keine, die nicht von Gott ist." Das ist die klare Aussage der Heiligen Schrift.

Im nächsten Vers geht Paulus sogar noch weiter und sagt: *„Wer sich also gegen die Obrigkeit auflehnt, der widersetzt sich der Ordnung Gottes" (Römer 13,2; Sch 2000).* Der Allmächtige hat also einen Teil Seiner Macht an die Obrigkeit hier auf der Erde delegiert und ihr stellvertretend Autorität übertragen. Deshalb heißt es auch, daß sie *„das Schwert nicht umsonst trägt"* – und gerade das tut sie als *„Dienerin Gottes" (Römer 13,4).* Sie führt das Mandat Gottes. Dies ist auch der Bibeltext, der das Gewaltmonopol des Staates begründet. Die Obrigkeit hat und führt das Schwert, aber nicht zur Selbstherrlichkeit der Herrschenden, sondern als Dienerin Gottes. Deshalb ist jeder Regierende zunächst unmittelbar Gott gegenüber verantwortlich – auch der, der auf die Eidesformel „so wahr mir Gott helfe" verzichtet hat.

Der Zweck der Obrigkeit

In 1. Petrus 2,14 lesen wir sehr klar, daß Gott die Obrigkeit beauftragt hat, das Böse einzudämmen und das Gute zu fördern, *„zur Bestrafung der Übeltäter und zum Lob derer, die Gutes tun"*. Deswegen ist es gut, daß man Bürger, die sich um das Gemeinwohl verdient gemacht haben, auch ehrt, z.B. durch die Verleihung des Bundesverdienstkreuzes. Aber die, die Böses tun, sollen bestraft werden. Ein lascher und im falschen Sinne liberaler Staat fördert nicht Freiheit, sondern Chaos und Gesetzlosigkeit. Nein, seine Aufgabe ist es, den Bösen zu wehren, zum Segen für alle Menschen.

Wir können Gott von Herzen dankbar sein, daß wir bislang in unserem Lande noch in einer gesegneten demokratischen Grundordnung leben dürfen. Aber dann möchten wir genauso dem Aufruf des Apostels Paulus folgen und für unsere Obrigkeit beten (1. Timotheus 2,1-3). Denn wo Ordnung, Frieden und Gerechtigkeit sind, da ist auch Ruhe und

Raum für gesegnete Frömmigkeit. Darum stehen wir positiv und respektvoll zu unserer Regierung und ordnen uns von Herzen unter.

Darüber hinaus verfolgt Gott noch einen weiteren Zweck mit der Obrigkeit: Auch durch sie steuert Gott Seine Welt- und Heilsgeschichte. Dies betrifft z.B. auch die Frage von Krieg und Frieden. Bei Daniel heißt es von dem Herrn, unserm Gott: *„Er setzt Könige ab und setzt Könige ein" (Daniel 2,21).* Regierungschefs mögen durch demokratische Wahlen oder durch Revolutionen an die Macht kommen, sie mögen sie durch Abwahl, durch natürlichen Tod oder auch durch Kriege wieder verlieren – und wir meinen, das geschehe alles nur aufgrund menschlichen Handelns. Ja, aber das ist nur die zweite Ursache, der untergeordnete Grund. Die erste und wahre Ursache, daß Könige Macht bekommen und sie auch wieder verlieren, ist die Absicht Gottes, die Er welt- und heilsgeschichtlich mit allen Inhabern der Macht verfolgt. Sie sind Diener Gottes. Die Bibel sagt: *„Des Königs Herz ist in der Hand des HERRN wie Wasserbäche; er lenkt es, wohin er will" (Sprüche 21,1).*

Dies gilt auch in der heutigen, aktuellen Weltpolitik. Manchmal neigen wir dazu, diese Wahrheit in der Hektik der alltäglichen Politik zu vergessen. Dann sollten wir wieder neu lernen: Gott regiert diese Welt. Das bedeutet nicht, daß wir uns aus der Verantwortung ziehen wollten, was das Miteinander der Völker und auch der Menschen und der Gesellschaft bedeutet. Aber wir dürfen immer darin Trost finden, daß der Herr der König aller Könige ist und daß Er über allem steht. Er versteht es in Seiner Souveränität und in Seiner Weisheit, sogar durch Ungerechtigkeit hindurch Seine Pläne zu erreichen.

So war es auch bei Josef: Die Brüder hatten Josef nach Ägypten verkauft. Aber Gott hatte in Seiner Allmacht und grenzenlosen Weisheit am Ende aus dem Übel der Menschen Gutes gemacht. Auch Jesus wurde durch eine brutale Mörderbande im Auftrage der Oberen ermordet und hingerichtet. Das war ganz böse! Und trotzdem hat es Gott verstanden, dieses scheußliche Handeln von Menschen millionenfach in Heil zu verwandeln.

Das ist das Geheimnis der Souveränität Gottes. So lenkt Gott über die Jahrhunderte die Machtkonstellationen und politischen Kraftverhältnisse auf dem Globus und bereitet die Erde vor, daß Jesus Christus wiederkommen und Sein Reich aufrichten wird. Das ist Gottes Endpunkt der Welt- und Heilsgeschichte. Dann wird des Friedens kein Ende sein – wahrhaftig und für immer.

Die Grenzen der Unterordnung

Viele bewegt nun die Frage: Soll die Unterordnung absolut und bedingungslos sein, oder gibt es Grenzen? Was ist, wenn Obrigkeiten oder Vorgesetzte etwas von mir verlangen, das gegen Gottes Gebot verstößt? Darf ein Christ sich dann verweigern? Kennt die Bibel nicht doch auch ein Widerstandsrecht? Ja, und ich möchte das mit einigen Beispielen aus der Bibel veranschaulichen:

Vor dem Hohen Rat mußten sich die Apostel wegen der Verkündigung des Evangeliums verantworten. Das Urteil war Predigtverbot. Hat Petrus geantwortet: „Oh, welch wunderbare Obrigkeit!"? Nein, er hat gesagt: *„Man muß Gott mehr gehorchen als den Menschen" (Apostelgeschichte 5,29)*. Da, wo man Gebet, Bibel, Gottesdienst und Bekenntnis verbietet, hat die Obrigkeit ihre Autorität mißbraucht – denn sie soll sie unter der Ordnung Gottes gebrauchen – und letzten Endes auch verloren. Gottes Gebot und Befehl an Seine Gemeinde steht über den Gesetzen der Menschen.

Es gibt schon im Alten Testament Beispiele, wie Menschen sich um des Gewissens willen verweigerten. Der König von Ägypten verlangte von den hebräischen Hebammen bei der Entbindung jüdischer Söhne, sie allesamt zu töten. Folgendes wird uns über diese Hebammen, die an Gott glaubten, berichtet: *„Aber die Hebammen fürchteten Gott und taten nicht, wie ihnen der ägyptische König befohlen hatte, sondern ließen die Kinder leben" (2. Mose 1,17; Sch).* Ein paar Verse weiter lesen wir dann Gottes Antwort: *„Darum tat Gott den Hebammen Gutes" (2. Mose 1,20).* Sie ließen die Kinder leben! Und ich sage: Laßt doch die Kinder leben! Ich wünschte mir, solche Gottesfurcht würde in Sachen Abtreibung auch in unseren Tagen vorhanden sein.

Die drei Männer im Feuerofen bekannten Nebukadnezar: *„Sei es nun, daß unser Gott, dem wir dienen, uns aus dem glühenden Feuerofen befreien kann ... oder nicht, so sollst du wissen, o König, daß wir deinen Göttern nicht dienen und auch das goldene Bild nicht anbeten werden, das du aufgestellt hast!" (Daniel 3,17-18; Sch).* Das war gewaltloser Widerstand aus der Tiefe eines gebundenen Gewissens an den ewigen Gott, an Seine Ordnungen, an Seinen Willen. Daniel hatte sich in diesem Punkt trotz des königlichen Gebotes der Obrigkeit nicht untergeordnet, sondern weiter gebetet, so daß er dafür in die Löwengrube geworfen wurde.

Als Paulus wegen seiner Predigt gegeißelt wurde, ließ er sich nicht einfach totschlagen, sondern berief sich auf sein römisches Bürgerrecht, aufgrund dessen es nicht erlaubt war, einen Römer ohne Urteil zu geißeln (Apostelgeschichte 16,37).

Deshalb gilt: Wenn sich eine Staatsmacht über Gottes Wort und Gebot stellt und sogar Verbrechen verübt, lehrt uns die Bibel, daß wir dieses Unrecht auch benennen dürfen und sollen und daß wir Unrecht, auch wenn es die Obrigkeit von uns verlangt, selbst nicht tun. In diesem Zusammenhang ist ein stilles Widerstandsrecht oder manchmal auch ein lautes, indem man seine Stimme kräftig erhebt, wirklich geboten. Der Staat kann sich nicht anmaßen, seine eigene Ethik festzulegen, und losgelöst vom Gesetz Gottes bestimmen, was gut oder böse ist. Gottes Gesetz ist bindend für alle Obrigkeiten und auch für alle Zeiten. Denn nach diesem Maßstab wird Gott einmal alle richten.

Ich fasse zusammen: Christen sind Gäste. Deshalb benehmen wir uns anständig. Das bedeutet auch, daß wir uns der Obrigkeit unterstellen – um des Herrn willen –, weil sie von Gott eingesetzt ist und weil Gott Seine globalen heils- und weltgeschichtlichen Ziele nicht zuletzt durch die Obrigkeit verfolgt. Deshalb wollen wir auch die Gesetze, die sie erlassen habt, achten und einhalten – auch die Steuer- und Abgabenerhöhungen. Gleichzeitig ist dieser Text aber auch ein Trost für die Geschwister, die unterdrückt werden – sei es von seiten des Staates, sei es in den Häusern und Familien. Denn um der Gerechtigkeit willen zu leiden, ist Gnade vor Gott. Gott schenke es uns.

Die Genialität des Evangeliums

„... sondern heiligt vielmehr Gott, den Herrn, in euren Herzen! Seid auch allezeit bereit zur Verantwortung gegenüber jedermann, der Rechenschaft fordert über die Hoffnung, die in euch ist, und zwar mit Sanftmut und Ehrerbietung."

(1. Petrus 3,15; Sch 2000)

In 1. Petrus 3 gibt Petrus zunächst besonders für das eheliche Leben Leitlinien, für die Beziehung zwischen Ehefrauen und Ehemännern, und fordert uns zu gegenseitigem Respekt und gegenseitiger Ehrerbietung auf allen Gebieten auf. Dann geht es um die geistliche Haltung inmitten von Bedrängnissen und Verfolgungen von seiten der Nichtchristen. So werden die Gläubigen auch darauf hingewiesen, ihren Glauben zu verteidigen, zu erklären, ihn auch auszuleben.

Petrus fordert in dem obigen Text seine Leser auf, alle Zeit bereit und auch fähig, also vorbereitet zu sein, Rede und Antwort bezüglich des Evangeliums zu stehen. Sie sollen Fragestellern und Kritikern Rechenschaft darüber geben können, was die Hoffnung des Evangeliums beinhaltet und was sie für einen Christen bedeutet. Sie sollen also ihren Glauben nachvollziehbar erklären können. Für Christen ist Denken also nicht verboten. Manchmal wird uns das – etwas überspitzt formuliert – so entgegengebracht: „Christen sind ein bißchen dumm, sie fühlen bloß, aber sie denken nicht. Wenn sie denn denken würden, dann würden sie z.B. zur Evolutionslehre gelangen." Ich sage im Gegenzug: Diejenigen, die daran glauben, sollten einmal nachdenken. Aber wichtig ist, daß das Evangelium etwas ist, über das man nachdenken kann und auch soll und das man auch durchdenken kann.

Auch Paulus setzt sich immer wieder dafür ein, konkret das Evangelium darzulegen und es auch argumentativ zu verteidigen (vgl. Apostelgeschichte 9,22; 18,4+28; 28,2). Er weiß wohl, daß das ohne die Kraft des Heiligen Geistes nicht geht. Aber es braucht auch erleuchteten Verstand, erleuchtete Vernunft. Das Evangelium ist nicht für Krokodile oder für Frösche geschrieben worden, sondern für vernunftbegabte Menschen. Und deshalb sagt der Apostel von sich selber, *„daß ich zur Verteidigung des Evangeliums eingesetzt bin" (Philipper 1,16; Elb)*. Er diskutiert oft mit Menschen und versucht, ihnen das Evangelium klarzumachen. Daraus geht hervor:

Das Evangelium klar definiert

Es ist etwas ganz bestimmt Umrissenes. Es ist nicht dies und das, etwas Allgemeines, etwas Beliebiges, etwas Vermischtes, etwas Verschwommenes, etwas Traditionelles, etwas Kulturelles, etwas Emotionales, das wir zwar Evangelium nennen, von dem wir aber eigentlich nicht genau wissen, was es ist.

Das Evangelium ist **abgegrenzt**. Das eine ist es, und das andere ist es nicht. Sonst kann es nicht dargelegt und auch nicht verteidigt werden. Es muß eine Trennlinie geben, wo noch Evangelium ist und wo Evangelium nicht mehr ist. Sonst kann man nicht Rechenschaft darüber ablegen, was Petrus von den Christen fordert.

Heute wird christlicher Glaube oft wie ein Nebel dargestellt. Man kann nichts richtig erkennen und auch nichts richtig beschreiben. Evangelium ist alles und nichts. Für die einen ist Evangelium da, wo Phänomene stattfinden und Heilungen sich ereignen – aber das gibt es auch außerhalb des christlichen Raumes. Für andere ist das Evangelium da, wo man sich für Arme und Schwache einsetzt – Nächstenliebe übt auch die Freiwillige Feuerwehr und das Rote Kreuz. Für andere ist christlicher Glaube so etwas wie Pazifismus – als Christ müsse man ja selbstverständlich gegen Krieg sein. Wieder andere meinen, Toleranz sei etwas Christliches – man müsse zum Beispiel auch Homosexualität gutheißen, denn das entspräche doch der christlichen Liebe. Oder man muß die Menschenwürde betonen – das sei doch dem Evangelium gemäß. Andere meinen: Wenn wir alle Religionen gleichsetzten und keine Unterschiede mehr machen würden, wären wir versöhnlich und christlich. Evangelium und Christentum sind Glockengeläut, Orgelmusik, Prozessionen, Krippenspiel, Tannenbaum und Weihnachtsmann, so denken wieder andere. Petrus sagt: *„Seid jederzeit bereit, Rechenschaft zu geben."* Was macht euren Glauben aus? Was beinhaltet er? Was beinhaltet er nicht? Gebt eine klare Antwort! Das ist eine Herausforderung für Christen. Aber das sind wir den Menschen schuldig.

Die Apostel haben großen Wert darauf gelegt, daß die Christen das, was Evangelium heißt, genau definieren konnten. Paulus geht da erschreckend weit, wenn er schreibt: *„Aber auch wenn wir oder ein Engel vom Himmel euch ein Evangelium predigen würden, das anders ist, als wir es euch gepredigt haben, der sei verflucht" (Galater 1,8[-9]).* Da haben wir das Empfinden: Jetzt geht Paulus ein bißchen zu weit. Aber auch das ist unter der Inspiration des Heiligen Geistes geschrieben worden. Weil das so elementar ist, ermahnt er ein anderes Mal: *„Hab acht auf dich selbst und auf die Lehre" (1. Timotheus 4,16).*

Ist Paulus engherzig? Ist Petrus engherzig, daß nur etwas Bestimmtes, Abgegrenztes das Evangelium ist, und was ein Stückchen darüber hinausgeht schon nicht mehr? „Haben wir nicht schon genug Streit unter den Christen?", mag manch einer denken. Ich will an einem Beispiel deutlich machen, wie das mit der Engherzigkeit ist. Es ist so wie mit Falschgeld. Wenn du einen 500-Euro-Schein, der dir zusteht, in die Hand gedrückt bekommst, und du stellst fest, daß es sich um eine Blüte handelt, wirst du doch auch nicht engherzig sein, oder? Dann wirst du großherzig sein und sagen: „Na ja, das ist zwar eine Fälschung, ist also nicht echt – aber es steht wenigstens *500* drauf. Und eigentlich sieht er doch recht echt aus." Versteht ihr?

Heute wird gesagt: Es ist alles christlich, Hauptsache, „Jesus" steht darauf, Hauptsache, Gott und die Liebe Gottes kommen vor. Es kommt nicht so genau darauf an, was wirklich drin ist, Hauptsache, es steht „500" drauf, ob das richtig, falsch, echt oder unecht ist, ob Plagiat oder Kopie, spielt keine Rolle. Nein. Wenn wir uns dem widersetzen, hat das überhaupt nichts mit Intoleranz und Engherzigkeit zu tun, sondern mit Wahrheit und Lüge. Was nicht wahr ist, kann nicht wahr sein. Was Lüge ist, kann nicht zugleich Wahrheit sein.

Die Karikatur hilft nicht, sie hat keine Kraft. Nur das wahre und echte Evangelium schenkt geistliche und seelische Gesundheit. Und deswegen nennt Paulus das Evangelium eine *„heilsame Lehre" (Titus 2,1)*, damit die Christen, wie er sich an einer anderen Stelle ausdrückt, *„gesund im Glauben" (Titus 1,13)* sein können. Das verfälschte Evangelium macht psychisch krank – ich habe das beobachten können. Es erzeugt frommen Druck und Angstzustände. Es hinterläßt ein krankes Gewissen, nicht selten schafft es auch religiösen Wahn, so daß sich Nervenärzte mit Menschen beschäftigen müssen, die an dem falschen Evangelium psychisch krank geworden sind. Das ist wie mit einer Medizin: Wenn du die richtige nimmst, kannst du gesund werden. Wenn du eine ähnliche nimmst, kannst du dabei den Tod finden.

Deswegen ist es für Petrus so wichtig, daß wir Klarheit darüber haben, wofür wir denn stehen. Deshalb sollen wir alle Zeit bereit sein, dieses Evangelium zu erklären, es zu verteidigen und genau über seine Lehre Rechenschaft abzulegen.

Evangelium und Erkenntnis

Weil das Evangelium etwas Bestimmtes und zu Unterscheidendes ist, hat es etwas mit Erkenntnis zu tun. Das Evangelium offenbart sich nicht durch Gefühle, nicht durch Liturgie, auch nicht durch Kult oder Rituale, sondern wird durch Erkenntnis erkannt. Wenn ein Mensch errettet wird, dann ist er, wie die Bibel sagt, *„zur Erkenntnis der Wahrheit"* gekommen. Der weltberühmte Satz lautet deshalb: *„Er [Gott] will, daß alle Menschen gerettet werden und zur* ***Erkenntnis der Wahrheit*** *kommen" (1. Timotheus 2,4; Elb).* Errettung heißt also, zur Erkenntnis des Evangeliums zu gelangen. Im Gegensatz dazu gibt es nach Paulus Leute, und davon gibt es auch heute viele, *„die immer auf neue Lehren aus sind und nie zur Erkenntnis der Wahrheit kommen können" (2. Timotheus 3,7).*

Evangelium ist also eine konkret zu erkennende Wahrheit. Die Bibel bezeichnet das Evangelium in Jesus Christus auch als die *„Weisheit Gottes" (1. Korinther 1,24)*, die ein Verständnis und Verstehen nötig macht, ein Nachdenken und Nachsinnen. Die Emmaus-Jünger verstanden nicht, was nach der Auferstehung eigentlich geschah. Als Jesus mit ihnen ging und sie Ihn nicht erkannten, *„da öffnete er [Jesus] ihnen"*, wie es wörtlich heißt, *„das Verständnis, so daß sie die Schrift verstanden" (Lukas 24,45).* Es ist also ein Appell auch an die Kräfte der Vernunft. Die Heilige Schrift will verstanden werden, weil sie Weisheit ist, weil sie Intelligenz ist, weil sie Genialität ist.

Manche meinen, die Bibel sei nicht zusammenhängend, sie sei nicht systematisch, sondern nur ein Sammelsurium von unterschiedlichsten, ja sich sogar widersprechenden Sprüchen, Gedichten, Formeln und Prosa-Texten – lauter religiöse Phantasien, die irgend jemand zusammengemischt habe. Und deswegen meinen viele, sich jeweils einen Teil aus der Bibel zur Unterstützung für ihre eigenen Lehren und Behauptungen herausnehmen und das andere dann selbstverständlich liegenlassen zu können. So sortiert man die Bibel nach dem, wie sie einem subjektiv gefällt oder auch nicht. Wer so mit Gottes Wort umgeht, gibt zu erkennen, daß er noch nicht begriffen hat, daß die Heilige Schrift, Altes und Neues Testament zusammengenommen, ein intelligentes Ganzes ist. Es ist eine zusammenhängende und ineinandergreifende folgerichtige Botschaft. Wer die Bibel aber für uneinheitlich hält und sie willkürlich auseinanderreißt, hat sie nicht verstanden.

Hier liegt eine sehr große Not: Man weiß von der Bibel, man kennt einige ihrer Themen. Einige gefallen, andere nicht. Aber man erfaßt nicht ihren wahren Kern. Als der Kämmerer den Propheten Jesaja las, fragte Philippus, der schließlich zu ihm stieß: *„Verstehst du auch, was du liest?" (Apostelgeschichte 8,30).* Der Befragte antwortete ganz hilflos: *„Wie kann ich?" (Vers 31).* Die Vernunft mußt du natürlich einsetzen, aber du mußt erkennen: Einen erleuchteten Verstand kannst du nur durch den Heiligen Geist bekommen, weil dieses Buch eine Offenbarung göttlicher Dimension ist. Dennoch ist es unerläßlich, es zu verstehen. Und darum geht es Petrus.

Auch viele Christen verstehen nicht. Auch sie lesen die Bibel selektiv und benutzen sie wie einen Kuchen, aus dem sie immer nur die Rosinen herauspicken. Sie nennen diese dann „ihre Verheißungen". Ich habe nichts gegen Losungsbücher. Aber du kommst nicht zur Erkenntnis der Wahrheit und wirst wenig von dem ganzen Ratschluß Gottes erfassen können, wenn du dir immer nur die „süßen Bonbons" heraussuchst. Nimm doch auch mal eine „Gewürzgurke"! Das alles ist enthalten in Gottes Wort. Denn *„alle Schrift ist von Gott eingegeben und nützlich zur Lehre ..." (2. Timotheus 3,16; Elb).* Deswegen sagt schon der Prophet Hosea im Auftrag Gottes: *„Mein Volk kommt um aus Mangel an Erkenntnis" (Hosea 4,6; Elb).*

Grundsätzliche Gedanken über Gott

Und deswegen ein paar grundsätzliche Gedanken über Gott: Er ist ein intelligentes Wesen. Er ist ein Genie. Schauen wir Seine Schöpfung an. Alles ist gesetzmäßig. Die Mathematik, die Physik, ja alle Wissenschaften hat nicht der Mensch erfunden. Vielmehr stößt er auf Gesetzmäßigkeiten, auf Zuverlässigkeiten, auf Systematik, die ihn nur staunen lassen. Der Mensch kann die Mathematik und die Chemie lediglich entdecken. So entdeckt er die Genialität Gottes. Und sollte Er in der Neuschöpfung, die Gott im Evangelium begründet und manifestiert, nicht mehr intelligent vorgehen? Sollte Er da willkürlich ein paar Sätze hier und dort schreiben? Nein, wenn sich Gott in der natürlichen Schöpfung und Kreatur als ein kluger, weiser, intelligenter Schöpfer offenbart, als ein Mathematiker, als ein Architekt, dessen Gedanken logisch, folgerichtig, systematisch und geordnet sind, wie kommen wir dann auf die Idee zu glauben, im Evangelium sei alles eine Art „Wackelpudding"? Nein, das Evangelium unterliegt genau der gleichen Intelligenz. Das Evangelium ist genauso, ja es ist noch genialer als die Gesetzmäßigkeiten der Schöpfung.

Deswegen sprechen wir auch von dem Plan der Erlösung. Spurgeon hat immer wieder sinngemäß gesagt: „Die Wahrheit ist nicht ein Satz, sondern die Wahrheit ist ein System, dessen Achse und Mittelpunkt die Person Jesu Christi ist." Das dürfen wir erkennen und uns darüber freuen. Darum sollte die Heilige Schrift geliebt, sie sollte studiert, sie sollte erarbeitet werden. Sie sollte der Mittelpunkt allen christlichen Lebens, aller kirchlichen Lehre sein. Denn wir sind gefordert, Rechenschaft abzulegen über den Glauben, den wir von Gott durch Seine Gnade empfangen haben.

Das Evangelium selber verstehen

Ein Christ muß das Evangelium selbst verstanden haben, sonst ist es unmöglich, dem, der Rechenschaft von uns fordert, Rede und Antwort zu stehen. So ist es letztlich der Mangel an Erkenntnis, der das Volk Gottes lähmt. Wir bemühen uns um Musik und um Emotionen, um schöne Gottesdienste, um gute Atmosphäre. Das ist ja alles schön und hat auch irgendwo seine Berechtigung, aber es geht um wirkliches Verstehen. Nehmen wir zum Beispiel das Gnadenverständnis der Bibel. Ich möchte uns an einem kleinen Beispiel klarmachen, daß es auf das Detail ankommt. Wer nicht erkannt hat, was das Evangelium unter Gnade versteht, hat die ganze Bibel, das ganze Konzept des Heils nicht erfaßt. Viele meinen, das Erlangen der Gnade Gottes sei immer an bestimmte, zu erfüllende Vorbedingungen geknüpft. Zum Beispiel müsse man Buße tun, um die Gnade zu erlangen. Man müsse „wollen", sagen andere, sonst empfange man die Gnade nicht. Und weil man auch Bibelworte findet, die so klingen, lehrt man: Gnade sei das Ergebnis von menschlich vorteilhaftem Verhalten. Ich will die Gnade haben, und weil ich so gut will, darum bekomme ich sie. Und ein anderer, der nicht so gut will, bekommt sie nicht. Das ist ein Geschäft auf Gegenseitigkeit. Aber das ist nicht das Konzept der biblischen Gnade. Wer so denkt, und das wird ja heute vielfach verkündigt, hat das Evangelium von der freien Gnade pervertiert und daraus ein Evangelium der verdienten Gnade gemacht. Das nennt Paulus *„Gerechtigkeit aus Werken" (Römer 9,32)*.

Jetzt beginnen sofort die Seelennöte, weil hier etwas nicht richtig erfaßt wurde. Und diese Seelennöte kommen vielleicht im Laufe des Lebens, in Krisen und Problemen, aber auch am Ende des Lebens, wenn es ans Sterben geht: „Habe ich denn nun auch genug gewollt? Habe ich genug christlich gelebt? Habe ich meinen Teil dazu beigetragen, daß ich Gnade und Errettung empfangen kann und Annahme im Himmel finde?“ Gott hat Seinen Teil erfüllt, daran zweifelst du nicht. Aber an dir wirst du immer zweifeln, weil du dich ja selber kennst. Weil wir als Menschen schwach und sündig sind, könnten wir den Teil, den wir erbringen müßten, nie erbringen. Wir müßten an uns selbst verzweifeln. Diese kleine Nuance, das Evangelium anders darzustellen, läßt viele Christen an ihrem Heil nicht mehr froh werden. So bleiben die Verdammnisängste und Zweifel, und die Heilsfreude kann nicht kommen. Ich kann jetzt Paulus verstehen, wenn er sagt: *„Wenn jemand euch ein Evangelium predigt, anders als ihr es empfangen habt, der sei verflucht“ (Galater 1,9).* Denn durch dieses pervertierte Evangelium kann kein Mensch seines Heils und seiner Seligkeit froh werden. Und manch einer wird krank durch diesen falschen Glauben.

Die Gnade aber umfaßt mehr. Sie geht tiefer, sie umfaßt alles. So nimmt Seine Gnade Einfluß auf das Herz des Empfängers und macht ihn willig, „ja“ zu sagen. *„Denn Gott ... wirkt beides, das Wollen und das Vollbringen“ (Philipper 2,13).* Meine Buße ist Gnade, meine Annahme ist Gnade, mein Gebet ist Gnade, meine Entscheidung ist Gnade, mein Wollen – alles ist Gnade, wie Johannes schreibt: *„Und von seiner Fülle haben wir alle genommen Gnade um Gnade“ (Johannes 1,16).* Ohne Gnade wäre nichts von alledem möglich, denn *„ein Mensch kann nichts nehmen, wenn es ihm nicht vom Himmel gegeben ist“ (Johannes 3,27).*

Wir müssen den Begriff „Gnade“ von der Bibel her also viel weiter fassen. Es geht nicht nur um ein Geschenk, das ich annehme oder ablehne. Wie dem natürlichen Menschen die Augen, die Ohren, die Organe aus freier und bedingungsloser Gnade mitgegeben wurden, so wird dem erneuerten Menschen in seiner Wiedergeburt der Glaube, die Buße, das Wollen, das Annehmen mitgegeben. Nicht unser Wollen bringt die Gnade hervor, sondern die Gnade bringt unser Wollen hervor. Deswegen sagt der Apostel: *„So liegt es nun nicht an jemandes [fleischlich-menschlichem] Wollen oder Laufen, sondern an Gottes Erbarmen“ (Römer 9,16)*. Ja, das ist die Gnade. Setze dein Vertrauen ganz auf die Gnade. Sie allein gibt dir Freude, sie allein macht dich frei – und sie allein bringt dich ans Ziel.

Glaube und Allversöhnung

„... in welchem er auch hinging und den Geistern im Gefängnis verkündigte, die einst nicht glaubten, als Gottes Langmut einmal zuwartete in den Tagen Noahs, während die Arche zugerichtet wurde, in der wenige, nämlich acht Seelen, durchs Wasser hindurch gerettet wurden." (1. Petrus 3,19-20; Sch 2000)

Diese Verse werden gern u.a. auch von Anhängern der sogenannten Allversöhnungslehre angeführt. Sie leiten aus ihnen die These ab, daß das Evangelium auch noch nach dem Tod verkündigt wird und so schließlich alle Menschen gerettet werden, auch wenn sie in diesem Leben nicht an Christus geglaubt haben. Das kommt natürlich auch dem Denken unserer Zeit entgegen. Allgemeine Menschenfreundlichkeit und Toleranz vertragen sich nicht mit der „starren" Predigt von einer ewigen und unwiderruflichen Verdammnis. Das empfindet der moderne Mensch als Zumutung. Und so interpretiert man die entsprechenden Bibelstellen so lange, bis die anstößige Sache mit der Hölle aus der Welt geschafft zu sein scheint.

Keine Allversöhnung

Wenn wir allerdings fair mit der Bibel umgehen, müssen wir feststellen, daß sie keine Lehre der Allversöhnung kennt. Man kann nur dann zu einer solchen Lehrauffassung kommen, wenn man ein paar nicht ganz leicht zu verstehende Bibelstellen herausnimmt und sie gegen die ganze Masse biblischer Verse stellt, die sehr klar ewige Verlorenheit für unbußfertige Sünder verkünden. Das ist aber so ähnlich, als wenn man mit einem kleinen Stein ein Felsmassiv zum Einsturz bringen will, aus dem man das Steinchen gerade herausgekratzt hat. So kann man nicht mit Gottes Wort umgehen. Genau das versuchen falsche Lehren aber. Sie trennen einfach Einzelverse heraus und stellen sie gegen das Ganze.

Nehmen wir zum Beispiel die wunderbare Bibelstelle: *„Gott ist die Liebe" (1. Johannes 4,8)*. Nun kommen einige Menschen auf die Idee, daß, wenn Gott Liebe ist, Er ja niemanden in die ewige Verdammnis weisen könne. Sie mißbrauchen also die Bibelstelle, indem sie sie gegen eine Masse anderer Stellen setzen, die von Gottes Gerechtigkeit, Gericht und ewiger Strafe sprechen. Natürlich wissen die Gegner der Verdammnislehre, daß die Begriffe „Hölle", „ewige Pein", „ewiges Verderben" und sogar „Feuersee" in der Bibel vorkommen. Aber sie deuten die Worte einfach um. Aus der „ewigen Strafe" wird dann einfach eine „Läuterung". Das paßt ja auch gut in die heutige Vorstellung von Strafe. Denn unsere moderne Rechtsprechung basiert nicht mehr auf der Vorstellung, daß Strafe vorrangig ausgleichende Gerechtigkeit schaffen soll. Nein, sie soll nicht mehr Recht schaffen, sondern Rechtsbrecher sollen nur noch gebessert und baldmöglichst wieder in die Gesellschaft eingegliedert werden und eine neue Chance bekommen.

Wenn Menschen schon so human sind, sagen die Allversöhner, kann doch der Gott der Liebe nicht weniger menschenfreundlich sein. Dann kann Er nicht einfach richten und verurteilen, sondern muß die Besserung der Gottlosen im Sinn haben. Also macht man aus dem ewigen Feuer eine Läuterungsglut, an deren Ende alles gut werden würde.

Nun bleibt allerdings das Wort „ewig" noch ein großer Anstoß. Denn wie kann Qual und Pein Läuterung bedeuten, wenn sie niemals aufhört? Aber auch das ist kein Problem für falsche Lehrer. Denn sie sagen, das Wort „Ewigkeit" (griechisch „Äon") könne auch einfach „Zeitalter" oder „langer Zeitabschnitt" heißen. Nach ihrer Deutung heißt dann z.B. das Wort nicht mehr: *„... sie werden gequält werden ... von Ewigkeit zu Ewigkeit" (Offenbarung 20,10)*, sondern nur „von Zeitalter zu Zeitalter". Aber diese Auslegung führt in die Sackgasse. Denn dann würde auch Gott nicht ewig leben. Ebenso wie die Hölle zeitlich begrenzt wäre, wäre Gott es konsequenterweise auch. Denn an vielen Stellen sagt die Bibel wortgleich von Ihm, daß Er z.B. regiert, Gewalt hat oder lebt *„von Ewigkeit zu Ewigkeit" (Offenbarung 10,6)*. Aber Gott die Lebensdauer nur eines langen Zeitabschnitts beizumessen, wäre die Krone aller Bibelverdrehung, ja sogar Gotteslästerung. Aber man möchte doch so gern, daß sich die Letzten noch bekehren. Und wenn es nicht anders geht, dann noch im Jenseits. Und man glaubt, dazu 1. Petrus 3,19-20 verwenden zu können, was nach meiner Überzeugung absolut unzulässig ist.

Keine Bekehrungsmöglichkeit nach dem Tod

Die Bibel belehrt uns darüber, daß Bekehrung nach dem Tode nicht mehr möglich ist. Denken wir besonders an die Geschichte von dem reichen Mann und dem armen Lazarus. Kein Geringerer als der Herr Jesus Christus selber erzählt uns darin, daß der reiche Mann nach seinem Tod am Ort der Qual war, während der arme Lazarus in den Schoß Abrahams getragen wurde, und daß zwischen beiden Seelenzuständen eine unüberwindliche, große Kluft besteht, *„... so daß die, welche von hier zu euch hinübersteigen wollen, es nicht können, noch die von dort es vermögen, zu uns herüberzukommen" (Lukas 16,26; Sch)*. Kann man klarer ausdrücken, daß es in der jenseitigen Welt keinen Wechsel mehr von der Finsternis zum Licht gibt? Nein, gewiß nicht. Darum gilt: Was du hier gewesen bist, das bist du auch dort in der jenseitigen Welt, und zwar unabänderlich. Jesus sagte zu den Pharisäern: *„Wohin ich gehe, da könnt ihr nicht hinkommen. ... ihr seid von dieser Welt, ich bin nicht von dieser Welt. Darum habe ich euch gesagt, daß ihr sterben werdet in euern Sünden" (Johannes 8,22-24)*. Damit ist klipp und klar: Diejenigen, die in der Sünde ohne Vergebung und Glauben sterben, können nicht dorthin kommen, wo Jesus hingegangen ist. Denn: *„So gewiß es den Menschen bestimmt ist, **einmal** zu sterben, danach aber* *das Gericht ..." (Hebräer 9,27; Sch 2000).* Es heißt nicht: „So wie es den Menschen bestimmt ist, einmal zu sterben, danach aber eine zweite Chance oder danach eine Läuterungsphase." Nein, nach dem Sterben erwartet uns nichts anderes als das Gericht. Der Tod ist buchstäblich die „deadline". Anschließend kann nichts mehr korrigiert werden.

Wenn ich früher in der Schule eine Klassenarbeit zu schreiben hatte, rief der Lehrer mit dem Klingeln der Schulglocke: „Abgeben!" Wie gern hätte ich mir manches Mal die Arbeit noch einmal zurückgeholt, um nachzubessern. Aber abgegeben war abgegeben. Vielleicht ist dieser Vergleich bezogen auf den Ernst der Ewigkeit etwas zu schwach. Aber wenn wir sterben, müssen wir unser Leben abgeben. Und dann wird nicht mehr nachgebessert, sondern nur noch beurteilt. *„Denn wir müssen alle offenbar werden vor dem Richterstuhl Christi, damit jeder seinen Lohn empfange für das, was er getan hat bei Lebzeiten, sei es gut oder böse" (2. Korinther 5,10).* Es geht also um unsere Lebenszeit. Nichts anderes kommt auf den Prüfstand. Wenn unsere Sünden nicht aus dem Glauben durch Christus abgegolten sind, dann müssen wir die Verurteilung empfangen. Nach dem Tod ist nichts mehr daran zu ändern. Es wird in der jenseitigen Welt niemandem mehr das Heil angeboten. Niemand wird sich dort noch bekehren können.

Auch diejenigen, die zu Lebzeiten das Evangelium nicht gehört haben, haben keine Entschuldigung. *„Denn"*, so schreibt Paulus, *„was man von Gott erkennen kann, ist unter ihnen offenbar; denn Gott hat es ihnen offenbart. Denn Gottes unsichtbares Wesen, das ist seine ewige Kraft und Gottheit, wird seit der Schöpfung der Welt ersehen aus seinen Werken, wenn man sie wahrnimmt, so daß sie keine Entschuldigung haben" (Römer 1,19-20).* Also wissen auch die Menschen ohne Evangelium von dem einen wahren Gott. Und dennoch haben sie Ihm nicht gedankt noch Ihn gepriesen. Nein, die zitierte Bibelstelle aus dem 1. Petrusbrief kann nicht dafür herhalten, daß in der jenseitigen Welt noch Bekehrung möglich wäre. Nach dem Gericht gibt es keine Veränderung mehr. Vielmehr gilt: Wer dem Sohn Gottes nicht geglaubt hat, *„der wird das Leben nicht sehen, sondern der Zorn Gottes* ***bleibt*** *auf ihm" (Johannes 3,36; Elb).* Der Zorn Gottes hört also nicht irgendwann einmal auf, sondern er bleibt.

Hören wir doch einmal, mit welcher Wucht und Eindeutigkeit Jesus von der Gerichtsstrafe Gottes spricht: *„Geht weg von mir, ihr Verfluchten, in das ewige Feuer, das bereitet ist dem Teufel und seinen Engeln" (Matthäus 25,41).* Jesus spricht auch von einem Ort der Finsternis, an dem *„Heulen und Zähneklappern sein wird" (Matthäus 22,13).* Wiederum warnt Jesus vor der *„Hölle, dem Feuer, das nie verlischt" (Markus 9,43).* Ein anderes Mal beschreibt Er die Hölle als einen Ort, *„wo ihr Wurm nicht stirbt und das Feuer nicht verlöscht" (Markus 9,48).* Wenn wir Jesus nur ein bißchen ernst nehmen wollen bezüglich dessen, was Er sagt, dann können wir Ihm solche Worte nicht im Munde umdrehen und behaupten, Er hätte nicht gemeint, was Er gesagt hat. Deshalb sollte uns die Botschaft von der Hölle niemals veranlassen, sie zu verniedlichen, sie wegzuerklären oder eine zweite Chance suchen zu wollen, sondern sie sollte uns ernste Warnung sein, unter allen Umständen Christus und Seine Gnade zu suchen.

Aber wenn 1. Petrus 3,19-20 nicht Heilspredigt in der Totenwelt bedeutet, was dann?

Jesus bei den verstorbenen Geistern

Jesus ist zu den verstorbenen Geistern hinuntergefahren, und zwar in den Tagen zwischen Seinem Tod am Kreuz und Seiner Auferstehung. Darauf deuten folgende Bibelworte hin: *„Darum sagt er: »Hinaufgestiegen in die Höhe, hat er die Gefangenschaft gefangen geführt und den Men-*

schen Gaben gegeben.« Das aber: Er ist hinaufgestiegen, was ist es anders, als daß er auch hinabgestiegen ist in die unteren Teile der Erde?" (Epheser 4,8-9; unrev. Elb). Achten wir auch auf die Worte, die Jesus unmittelbar nach Seiner Auferstehung der Maria zurief: *„Rühre mich nicht an, denn ich bin noch nicht aufgefahren zu meinem Vater" (Johannes 20,17; Sch 2000).* Wenn Jesus im Tode nicht bei Seinem Vater im Himmel war – wo war Er dann? Vielleicht bei den Geistern der Verstorbenen, im Totenreich, und hat Er dort gepredigt?

Ich glaube, ja! Ich glaube, daß es für ungläubig Verstorbene bis heute einen Aufbewahrungsort in der jenseitigen Welt gibt. Die Bibel spricht vom Totenreich, griechisch „Hades". In diesem Hades war auch der verstorbene reiche Mann, von dem wir vorhin gehört haben. Aber auch der arme Lazarus war nicht im Himmel vor dem Thron Gottes, sondern im „Schoß Abrahams". So erkenne ich, daß das Totenreich zwei Bereiche hatte, durch eine Kluft unüberwindbar voneinander getrennt. Für die Ungläubigen und Verlorenen **ist** es ein Ort der Qual – also auch schon vor dem endgültigen Gericht. Für die Glaubenden wiederum **war** das Totenreich ein Ort des Segens, der Geborgenheit und Freude. Statt „Abrahams Schoß", was auf die Glaubensgerechtigkeit hinweist, hätte Jesus auch „Paradies" sagen können. Zu dem Schächer am Kreuz sagte Jesus nämlich nicht: „Heute noch wirst du mit mir im Himmel vor dem Thron des Vaters sein." Sondern Er sagte: *„Heute wirst du mit mir im Paradies sein" (Lukas 23,43).* Denn am Tag Seines Todes fuhr Jesus noch nicht in die Herrlichkeit des Himmels zu Seinem Vater, sondern zu denen, die im „Paradies-" bzw. „Abrahamsbereich" des Totenreiches waren, und auch zu denen, die im Qualbereich des Totenreiches waren. In beiden Abteilungen des Hades überbrachte Jesus in der Tat eine Botschaft. Und ich frage: Welche war das?

Was hat Jesus in der Totenwelt gepredigt?

Beginnen wir mit der Predigt zu denen, die im Schoß Abrahams waren. Er predigte denen, die, wie Abraham selbst, aus Glauben gerecht geworden waren, die Vollendung und Verwirklichung ihrer Erlösung. Denn soeben hatte Christus sie am Kreuz vollbracht. Er muß ihnen in etwa wie folgt gepredigt haben: „Der Tag ist da, auf den ihr alttestamentlichen Gläubigen so lange gewartet und nach dem ihr euch so lange gesehnt habt. Jetzt habe Ich das Werk vollbracht, darum ist jetzt die Zeit eures Wartens hier im Totenreich vorbei, denn Ich bin gekommen, euch nun in die Herrlichkeit des Himmels zu Meinem Vater mitzunehmen. Jetzt sollt ihr vom Schoß Abrahams in das Allerheiligste umziehen, nämlich vor den Thron der Herrlichkeit."

Vor welchem Hintergrund geschah denn eine solche Predigt? Im Alten Testament gab es Glaubende, die auf das kommende Erlösungswerk Christi im voraus vertrauten. Wir erinnern uns z.B. an Abel, an Noah, Abraham, Isaak, Jakob, David, Ruth und Rahab. Von ihnen allen erzählt uns Hebräer 11: Durch den Glauben, den Gott ihnen schon damals durch Offenbarung vermittelt hatte, galten sie als „Gerechte". Darum war ihre Zukunft auf ewig gesichert. Aber als sie starben, konnten sie noch nicht sogleich in die himmlische Herrlichkeit gehen, denn Christus war noch nicht als ihr Hoherpriester dorthin eingegangen, mit Seinem eigenen Blut. Sie konnten doch nicht ohne Versöhnungsblut zu Gott eingehen.

Denn bevor Christus Sein eigenes Blut vergoß, hatten die Alten nur das Blut der Tiere, von dem es heißt: *„Denn unmöglich kann Blut von Stieren und Böcken Sünden hinwegnehmen" (Hebräer 10,4; Elb).* Und außerdem war der Vorhang zum Allerheiligsten des Himmels noch nicht zerrissen. Der Weg zum Thron Gottes war also noch nicht offen. Jesus selbst mußte ihn erst noch einweihen.

Darum heißt es von diesem Weg, *„den er [Jesus] uns eingeweiht hat als neuen und lebendigen Weg durch den Vorhang hindurch, das heißt, durch sein Fleisch“ (Hebräer 10,20; Sch 2000).* Solange Jesus nicht mit Seinem eigenen Blut auf dem Weg zum Vater als erster vorangegangen war, konnte kein Mensch diesen Weg beschreiten. So mußten die alttestamentlichen Gläubigen warten, bis Jesus diesen Weg eröffnete, wie ein König, der das Band zu einer neu gebauten Straße durchschneidet und sie einweiht. Vorher darf niemand darauf gehen.

Durch den Glauben waren die alttestamentlichen Gläubigen gerecht, aber diese ihnen geschenkte Gerechtigkeit konnten sie nicht sogleich einlösen. Sie war ihnen aber testamentarisch zugesichert. Darum lesen wir bezüglich der damaligen Gläubigen: *„Denn wo ein Testament ist, da muß notwendig der Tod dessen eintreten, der das Testament gemacht hat“ (Hebräer 9,16; Elb).* Aber der Tod Jesu, des Erblassers, war zur Zeit des Alten Testamentes noch nicht eingetreten. *„Denn ein Testament tritt auf den Todesfall hin in Kraft, da es keine Gültigkeit hat, solange derjenige lebt, der das Testament gemacht hat“ (Hebräer 9,17; Sch 2000).* Vorher konnten die Gerechten des Alten Testaments ihr Erbe nicht antreten. Vorher konnten sie die himmlische Herrlichkeit nicht sehen. Und genau dies bestätigt Jesus: *„**Niemand** ist hinaufgestiegen in den Himmel, außer dem, der aus dem Himmel herabgestiegen ist, dem Sohn des Menschen, der im Himmel ist“ (Johannes 3,13; Sch 2000).* Und wenn Jesus sagt „niemand“, dann ist auch niemand in den Himmel aufgestiegen. Dann mag Elia mit feurigem Wagen und Rossen in den Himmel des Firmaments aufgefahren sein oder aber in den Paradieshimmel, aber nicht vor den Thron der Herrlichkeit Gottes.

Was Jesus *„den Geistern der vollendeten Gerechten“ (Hebräer 12,23)* gepredigt hat, scheint also ganz eindeutig zu sein, nämlich die „**Testamentseröffnung**“. Christus hat ihnen als ihr ewiger Hoherpriester den Sieg Seines eingetretenen Todes proklamiert und sie gemäß der göttlichen Verheißung gerufen, mit Ihm den neuen Weg zum Himmel einzuweihen. Denn Er wollte doch als der Erstling aus den Toten sogleich viele Söhne mit sich zu Gott führen (Hebräer 2,10). Ich bin gewiß: Als die seligen Geister in Abrahams Schoß diese Botschaft hörten, jubelten sie und wollten nicht einen Augenblick zögern, von einer Herrlichkeit mit Christus zu einer noch viel besseren zu gehen.

Sind Christen auch im Totenreich?

Aber sind die Christen des Neuen Testamentes nach ihrem Tod auch zuerst im Totenreich? Nein! Ihnen ist Christus ja bereits als ihr ewiger Hoherpriester mit Seinem eigenen Blut vorangegangen. Sie müssen nirgendwo noch auf irgend etwas warten, wenn sie sterben. Das Blut Christi ist ja da, der Vorhang Seines Leibes ist bereits zerrissen. *„... kraft des Blutes Jesu haben wir Freimütigkeit zum Eingang in das Heiligtum" (Hebräer 10,19; Sch).* Darum schreibt Paulus auch nicht, daß er Lust hat abzuscheiden, um in Abrahams Schoß zu sein, sondern er schreibt: *„Ich habe Lust, abzuscheiden und* ***bei Christus*** *zu sein" (Philipper 1,23; Sch).* An anderer Stelle sagt er: *„... wir sind aber getrost und haben vielmehr Lust, den Leib zu verlassen und* ***daheim zu sein bei dem Herrn****" (2. Korinther 5,8).* Und Jesus betet: *„Vater, ich will, daß, wo ich bin, auch die bei mir seien, die du mir gegeben hast, damit sie meine Herrlichkeit sehen" (Johannes 17,24).* Und wo ist Jesus? Im Schoß Abrahams? Im Paradies? Nein, Er ist zur Rechten des Vaters, im Zentrum des Heiligtums und der Herrlichkeit.

Welche Predigt hörten die ungläubig Verstorbenen?

Was hat Christus den verstorbenen Ungläubigen gepredigt, im Gegensatz zu Noah und seiner achtköpfigen Familie, die aus Glauben durch die Flut in der Arche – ein Bild für alle Glaubenden – gerettet wurden? Was predigte

Christus im Totenreich den Geistern des Widerspruchs? Ich bin fest davon überzeugt, daß Er ihnen den Sieg des Kreuzes und der Auferstehung predigte. Er offenbarte ihnen die Herrlichkeit des Heils, aus dem sie sich selbst ausgeschlossen hatten. Sie wollten doch Noah nicht glauben, obwohl sie ihn 120 Jahre lang gehört hatten. Die Predigt Jesu wird bei den ungläubig Verstorbenen schreckliche Selbstvorwürfe ausgelöst haben. Sie hätten Gott suchen und sich bekehren können und mit den Gesegneten des Herrn zum Himmel eingehen können, aber sie wollten nicht. Welch eine doppelte Hölle! Darum bekehre dich heute und verstocke dein Herz nicht.

Leiden nach dem Willen Gottes

„Weil nun Christus im Fleisch gelitten hat, so wappnet euch auch mit demselben Sinn; denn wer im Fleisch gelitten hat, der hat aufgehört mit der Sünde. ... Darum sollen auch die, die nach Gottes Willen leiden, ihm ihre Seelen anbefehlen als dem treuen Schöpfer und Gutes tun.“ *(1. Petrus 4,1+19)*

Geht es um Krankheit?

Wenn wir 1. Petrus 4, Vers 1 betrachten, wird häufig Krankheit als Auslegung für das „Leiden im Fleisch“ genannt. Auch wenn ich nicht glaube, daß es Petrus hier in erster Linie um körperliches Leid geht, ist der Gedanke nicht ganz verkehrt: Wer Schmerzen hat, hat weniger Lust auf sündhafte Vergnügungen. Wer z.B. ernsthafte Magenbeschwerden hat, weil er bislang deutlich zuviel und falsch gegessen hat – die Bibel nennt solches „Fressen“ Sünde (vgl. Römer 13,13; Galater 5,21) –, hört dann vielleicht doch auf mit dieser Sünde. Und wer sogar todkrank ist, stellt sein Leben ins Licht Gottes, um Sünde zu beseitigen.

So treibt uns körperliche Schwachheit zu Jesus. Und wir suchen Seine Nähe und Kraft, wir beten wieder mehr und lesen in der Bibel. Leiden schafft also in der Tat geistlichen Tiefgang, es treibt uns das Spaß- und Spielchristentum aus. Die Lust der Welt verliert ihren Reiz. Die Dinge der Ewigkeit sind wieder wichtig.

Wir wissen aus der Bibel und aus Erfahrung, daß Gott Leiden benutzt, um uns zu erziehen. Paulus selbst hat gesagt: *„Damit ich mich wegen der hohen Offenbarungen nicht überhebe“ (2. Korinther 12,7).* Er hat die Gefahr der Sünde der Selbstüberhebung erkannt. Und wie ist Gott dem in seinem Leben begegnet? Er gab ihm einen *„Pfahl ins Fleisch“ (2. Korinther 12,7)* – was immer das war. Auf jeden Fall war es ein Handicap des Fleisches. So ist Paulus auch selbst ein Schüler dessen gewesen, was er geschrieben hat. *„Wir wissen aber, daß denen, die Gott lieben, alle Dinge zum Besten dienen, denen, die nach seinem Ratschluß berufen sind" (Römer 8,28).*

Wer mit Christus gelitten hat, hat abgelassen von der Sünde

Das scheint Petrus mit Vers 1 sagen zu wollen. Es geht hier um die wunderbare Botschaft der übernatürlichen Einheit eines Gotteskindes mit Jesus Christus. Das ist ein Geheimnis. Wir dürfen wissen, daß wir durch den Glauben mit dem Herrn Jesus eins geworden sind. Das wird auch am Bild der Taufe deutlich: *„Oder wißt ihr nicht, daß wir alle, die wir in Christus Jesus getauft sind, in seinen Tod getauft sind? Wir sind also mit ihm begraben worden durch die Taufe in den Tod, damit, gleichwie Christus durch die Herrlichkeit des Vaters von den Toten auferweckt worden ist, so auch wir in einem neuen Leben wandeln. Denn wenn wir* ***mit ihm eins gemacht*** *worden sind im gleichen Tod, so werden wir es auch in der gleichen Auferstehung sein, wissen wir doch, daß unser alter Mensch* ***mitgekreuzigt*** *worden ist,* ***damit der Leib der Sünde außer Wirksamkeit gesetzt sei,*** *so daß wir der Sünde nicht mehr dienen" (Römer 6,3-6; Sch 2000).* Hier spiegelt sich das wider, was Petrus geschrieben hat: *„Wer im Fleisch gelitten hat, der hat aufgehört mit der Sünde."* Weil wir in Christus mit Ihm gelitten haben und mit Ihm mitgekreuzigt sind, stehen wir nicht mehr unter der Herrschaft der Sünde und hören auf mit ihr. Darum schreibt Paulus bezüglich dessen, was in der Taufe dargestellt wird: *„Denn wer gestorben ist, der ist frei geworden von der Sünde" (Römer 6,7).* Welch eine glorreiche Botschaft ist diese Kunde, daß glaubende Menschen mit Christus vereinigt sind! Aus zweien ist einer geworden. *„Ich lebe, doch nun nicht ich, sondern Christus lebt in mir" (Galater 2,20).*

Diese Einheit Christi mit Seiner Gemeinde und Seinen Gliedern bestand bereits vor Grundlegung der Welt, und zwar in dem sogenannten „Bund der Erlösung". Christus ist das Haupt, und wir sind Seine Glieder. Und als Jesus am Kreuz starb, wurden auch wir in Ihm gekreuzigt. Da starben auch wir in Ihm und erhielten unser Todesurteil für die Sünde. Es ist also nicht allein so, daß Christus an unserer Stelle gestorben ist und gerichtet wurde, sondern in der Vereinigung, im Einssein mit Ihm bist auch du selbst für deine Sünde verurteilt worden. Und wenn ein Verbrecher für seine Übertretung beispielsweise mit der Vollstreckung eines Todesurteils bezahlen mußte, könnte er für den gedachten Fall einer Auferstehung doch nicht noch einmal verurteilt werden. Das heißt, durch den Tod und die Auferstehung lebt er frei von der alten Sünde und ihrem Anspruch. Er lebt ein neues Leben. Er ist wieder frei, er ist durch den Tod wieder ein unbescholtener Bürger. Und genauso ist es mit uns Christen. Durch das Mitleiden und Mitsterben mit Christus sind wir zu einem neuen Leben gelangt, buchstäblich zu einem Leben nach dem Tode, den wir mit Christus gestorben sind. Und so hören wir auf mit der Sünde, denn sie stammt noch aus dem Vorleben ohne Christus und hat deshalb keine Macht und keinen Anspruch mehr.

So, glaube ich, meint Petrus den Satz: *„Wer im Fleisch gelitten hat, der hat abgelassen von der Sünde" (1. Petrus 4,1; Sch 2000).* Was daraus folgt, schildert er in den nächsten Versen: *„... um die noch verbleibende Zeit im Fleisch nicht mehr den Begierden der Menschen zu leben, sondern dem Willen Gottes" (1. Petrus 4,2; Sch 2000).* Nachdem du auferstanden bist mit Christus, wirst du in der verbleibenden Zeit deines Lebens doch nicht mehr in das vorige Leben zurückfallen, *„denn"*, so heißt es weiter, *„es ist für uns genug, daß wir die vergangene Zeit des Lebens nach dem Willen der Heiden zugebracht haben, indem wir uns gehenließen in Ausschweifung, Begierden, Trunksucht, Belustigungen, Trinkgelagen und frevelhaftem Götzendienst. Das befremdet sie, daß ihr nicht mitlauft in dem-*

selben heillosen Schlamm, und darum lästern sie" (1. Petrus 4,3-4; Sch 2000).

In gleicher Linie schreibt auch der Apostel Paulus weiter: *„Da wir wissen, daß Christus, von den Toten auferweckt, nicht mehr stirbt; der Tod herrscht nicht mehr über ihn. Denn* ***was er gestorben ist, das ist er der Sünde gestorben*** *ein für allemal; was er aber lebt, das lebt er für Gott. Also* ***auch ihr****: Haltet euch selbst dafür, daß ihr für die Sünde tot seid, aber für Gott lebt in Christus Jesus, unserem Herrn. So soll nun die Sünde nicht herrschen in eurem sterblichen Leibe" (Römer 6,9-12a; Sch 2000).* Weil wir mit Christus gelitten haben, mit Ihm gekreuzigt und gestorben sind, darum herrscht nicht mehr die Sünde über uns, sondern wir sind imstande, kraft des neuen Lebens von ihr abzulassen. Das scheint mir die Botschaft des Petrus in unserem Ausgangsvers zu sein. Also nicht weil ich so krank bin, höre ich mit der Sünde auf. Das ist ein Stück weit auch wahr, wie wir gesehen haben. Nein, wir hören auf, weil wir neues Leben von Gott haben, wie Johannes sagt: *„Wer von Gott geboren ist, der sündigt nicht" (1. Johannes 5,18).* Denn die Sünde hat den Anspruch verloren. Wir sind durch den Tod gegangen, wir haben unser Urteil empfangen in Jesus Christus durch dieses Einssein mit Ihm, diese „Union", diese tiefe Gemeinschaft. Das ist das Geheimnis eines siegreichen Lebens.

Denn dieser Christus in uns wirkt das neue Leben und das Ablegen der Sünde. Betrachtet euer Dasein, euer Leben viel stärker im Licht dieser biblischen Lehre: Ihr seid eins mit Christus. Du bist nicht mehr alleine. Deine Identität bist nicht du, sondern deine Identität ist Jesus. Durch Ihn hast du dein Urteil erlangt, durch Ihn kannst du nicht mehr verurteilt werden, durch Ihn bist du der Sünde gestorben. Niemand wird von der Sünde frei werden und von ihr ablassen können durch eigene Anstrengungen, durch guten Willen oder den festen Vorsatz, nicht mehr sündigen zu wollen.

Hierbei zerbrechen alle Menschen und werden nur noch tiefer in die Sünde hineingezogen. Die einzige Hoffnung diesbezüglich ist niemand anders als Jesus Christus und unser Sterben in Ihm. Blicke also nicht auf dich, sondern blicke auf Jesus und glaube, daß Er in dir wohnt. Du bist nicht erst jetzt eins mit Ihm, sondern Gott hat dich schon von Ewigkeit her als eins mit Ihm gedacht. Und als Er am Kreuz starb, warst du in Ihm. Das ist das Geheimnis. Nur dadurch kann Veränderung geschehen, durch die wir dann mit Paulus sagen können: *„Sollen wir in der Sünde verharren, damit das Maß der Gnade voll werde? Das sei ferne! Wie sollten wir, die wir der Sünde gestorben sind, noch in ihr leben?“ (Römer 6,1-2; Sch).*

Der Sinn unserer jetzigen Leiden

Wir kommen nun zu Vers 19 unseres Textes, in dem die Rede vom Leiden nach dem Willen Gottes war. Auch hier geht es um die Einheit einer gläubigen Seele mit Jesus Christus. Wir sind nicht nur mit Ihm gestorben und somit der Sünde und ihrem Anspruch entwichen, sondern unser Einssein mit Christus gibt auch unseren jetzigen Leiden einen tiefen Sinn. Zwischen den Schmerzen eines Gottlosen und den Schmerzen eines wiedergeborenen Christen ist ein buchstäblich himmelweiter Unterschied. Du kannst die Leiden, die ein Gottloser in dieser Zeit erlebt, überhaupt nicht mit den Leiden eines Christen vergleichen, auch wenn sie äußerlich genauso gestaltet sein mögen wie die des Gottlosen. Warum nicht? Die Leiden eines Gotteskindes bedeuten immer Teilhaberschaft am Leiden Christi, wenn ihr Leiden nicht die Folge davon ist, daß sie Mörder, Diebe oder Übeltäter sind, wie Petrus ausdrücklich schreibt (1. Petrus 4,15). Ansonsten sind die Leiden der Gotteskinder als ein Mitleiden mit Jesus zu verstehen. Darum schreibt Paulus: *„... ihn möchte ich erkennen und die Kraft seiner Auferstehung“*. Da sagen wir alle „ja“. Jeder möchte die Kraft Seiner Auferstehung erfahren. Aber jetzt kommt das nächste: *„... und **die Gemeinschaft seiner Leiden** und so seinem Tod gleichgestaltet werden" (Philipper 3,10).*

Was heißt das: *„die Gemeinschaft seiner Leiden"*? Paulus möchte Anteil haben an den Leiden Christi. Aber sind die Leiden Christi nicht am Kreuz besiegelt und abgeschlossen? In bezug auf die Erlösung ist das hundertprozentig richtig. Und trotzdem spricht Paulus noch von der Gemeinschaft der Leiden Christi. Jesus hat am Kreuz in Gemeinschaft mit Seinen Auserwählten gelitten – das Haupt mit den Gliedern. Wenn also Christen heute leiden, ertragen sie das als Leiden Christi. Das ist ein unglaublicher Gedanke. Wenn Ungläubige leiden, kann es passieren, daß sie durch ihre Nöte auch irgendwie gebessert werden, zwar nicht auf Christus hin, aber sie werden vielleicht mäßiger und ändern auch ein Stück weit ihr ausschweifendes Leben. Aber das Leiden eines Christen hat im doppelten Sinn eine viel tiefere Bedeutung.

Zum einen ist Leid Teil der **göttlichen Erziehung zur Heiligung**. Zum zweiten sind die Leiden der Kinder Gottes aber auch Ausdruck der **Teilhaberschaft an den Leiden Christi**. Sie bedeuten Identifikation mit Ihm. Wir werden Seinem Tod *„gleichförmig"* oder *„gleichgestaltet werden"*. Durch Leiden starb Christus der Sünde, zu der Er gemacht wurde. Durch die Auferstehung lebte Er für Gott. Nach dem gleichen Muster wollte auch Paulus leben und in Gemeinschaft mit Jesus durch Leiden der Sünde sterben. So sagt er in 2. Korinther 4, Vers 10: *„Wir tragen allezeit das Sterben Jesu an unserem Leibe."* Ein interessanter Ausdruck. Es gibt Gotteskinder, die z.B. ein schweres Leben in der Ehe oder große Finanzprobleme haben oder sie werden wegen ihres Glaubens verfolgt – manchmal sogar innerhalb einer Familie, wenn nicht alle gläubig sind. Da gibt es echtes Leiden, großen Druck. Ich habe aber gute Botschaft für euch: Dieses euer Leiden ist Ausdruck dafür, daß ihr teilhabt an den Leiden Christi, die über diese Welt gehen. Darin liegt ein unglaublicher Trost. Das, was Christen in ihrem Leben durchleiden, ist nicht wie das allgemeine Schicksal eines jeden Sterblichen, sondern ist das Leidens- und Sterbensmuster Christi. Wie Er durch Leiden und Tod zur Auferstehung kam, so geht auch unser Weg durch Leiden und Tod zur Auferstehung.

Ich möchte ein weiteres Wort von Paulus erwähnen: *„Nun freue ich mich in meinen Leiden für euch und erdulde stellvertretend an meinem Fleisch, was noch fehlt an den Drangsalen des Christus für seinen Leib, der die Gemeinde ist" (Kolosser 1,24; Sch 2000).* Da redet er von **noch ausstehenden *„Drangsalen des Christus"***. Und diese erduldet er, Paulus, an seinem Leib. Was bedeutet das? Das Haupt, also Jesus, hat den Weg des Leides hinter sich, aber der Leib ist noch auf diesem Wege, ist noch nicht durch. Wir sind der Leib. Du bist ein Glied am Leibe Christi. Das Haupt hat alles vollbracht. Nichts ist hinzuzufügen. Deshalb haben die Leiden der Glieder keinerlei Erlösungswirkung – daß wir uns hier nicht falsch verstehen. Aber sie müssen auch noch durch das Leiden hindurch, durchs Sterben bis zur Auferstehung. Darum ist beides wahr: Wir sind mit Christus gestorben, aber: Wir sterben auch noch. Wir können sagen: Ich bin mit Christus am Kreuz gestorben. Aber gleichzeitig sagt Paulus: *„Ich sterbe täglich" (1. Korinther 15,31).* Oder: *„Wir tragen allezeit das Sterben Jesu an unserm Leibe" (2. Korinther 4,10).* So sind unsere Leiden nichts anderes als das Sterben Christi. *„Denn wie die Leiden des Christus sich reichlich über uns ergießen, so fließt auch durch Christus reichlich unser Trost" (2. Korinther 1,5; Sch 2000).* Ja, liebes Gotteskind, vergiß in deiner gegenwärtigen Not nicht, daß sie nicht umsonst ist, sondern Christus hat dich gewürdigt, mit Ihm zu leiden. Aber du wirst auch mit Ihm zur Herrlichkeit gelangen.

Wir müssen natürlich jetzt beachten, daß sich christliches Leiden nicht nur auf leibliche Krankheit bezieht. Das ist nur ein Aspekt. Gewiß hatte der *„Pfahl im Fleisch"* des Paulus mit körperlicher Schwachheit zu tun. Aber die Leiden Christi umfassen insbesondere auch Drangsale und Verfolgungen. Auf uns heute übertragen bedeutet das: Du leidest vielleicht um des Namens Jesu willen am Arbeitsplatz, in deiner Familie, in deiner Nachbarschaft, du erduldest Verleumdung und Verachtung. Ja, manch einem kommt das ganze Leben wie eine Trübsal vor. Aber heißt es nicht auch, *„daß wir durch viele Trübsale ins Reich Gottes eingehen müssen" (Apostelgeschichte 14,22; Sch)*? Welch eine gewaltige Berufung haben wir als Gotteskinder, daß wir erkennen dürfen: Durch das Einssein mit Jesus sind unsere Leiden auch Ausstrahlungen Seiner Leiden. Ich sage noch einmal: Unsere Leiden haben in keiner Weise Sühne-Charakter wie das Leiden Christi am Kreuz. Aber Seine Leiden strahlen auf Seine Glieder aus. Was das Haupt erduldet hat, erdulden auch Seine Glieder. Und wir sagen: „Ja, Herr, um Deines Namens willen wollen wir es tragen. Denn wir wollen Deinem Tode gleichgestaltet werden."

Ein letzter Gedanke. Paulus schreibt: *„Nun freue ich mich in meinen Leiden für euch und erdulde stellvertretend an meinem Fleisch, was noch fehlt an den Drangsalen des Christus für seinen Leib" (Kolosser 1,24; Sch 2000).* Da spricht er sogar von einer gewissen **Stellvertreterschaft**. Er leidet dem Leibe Christi zugute. Was kann das bedeuten? Wir leben in einem relativ geschützten Raum in Deutschland, wenn wir unsere Lebensumstände mit den Verfolgungen und Drangsalen unserer Schwestern und Brüder vergleichen, die beispielsweise in Pakistan leben oder auch in China, im Sudan und vielen anderen Ländern, wo es schwere Christenverfolgungen gibt. Ihre Häuser und Kirchen werden angezündet, ihre Frauen werden vergewaltigt, ihre Kinder werden ihnen gestohlen, sie selber werden umgebracht. Das sind die Leiden Christi. Petrus schreibt dazu: *„Widersteht, fest im Glauben, in dem Wissen, daß sich die gleichen Leiden erfüllen an eurer Bruder-*

schaft, die in der Welt ist" (1. Petrus 5,9; Sch 2000). Es gehen Leiden Christi um die Welt. Und ich empfinde, daß diese Menschen ein Stück weit stellvertretend die Leiden Christi für uns zu erdulden haben. Ich glaube, so können wir Paulus hier verstehen. Es kann also sein, daß einige Christen eine größere Last zu tragen haben als andere. Sie leiden in ihren übergroßen Drangsalen für ihre Brüder und Schwestern mit. Ist es nicht an unserem natürlichen Leib auch so? Ein Glied leidet mehr als das andere. Vor diesem Hintergrund möge niemand mehr zu den Leidenden in der Gemeinde sagen, sie hätten zu wenig Glauben oder noch zu viel Sünde. Umgekehrt ist es richtig: Gotteskinder, die ein doppeltes Maß an Not und Trübsal erdulden, entlasten die anderen. Und Paulus sagt, daß wir sie darum ehren sollen (1. Korinther 12,23-24).

Diese Gedanken haben mich angehalten, auch die Kranken in der Gemeinde anders zu sehen. Ich möchte ihnen mehr als einmal Ehre erweisen, ihnen danken für die Geduld, die sie an den Tag legen, für das Ausharren, für das Durchhalten. Ich erkenne in euch Glieder am Leibe Christi, die mit dem Schmerzensmann eins sind, die die Gemeinschaft der Leiden Christi aushalten, nicht weil sie große Lust auf Leiden haben, sondern weil sie Christus ähnlich sein wollen.

Wenn Leiden so bedeutungsvoll sind, sollen wir dann nicht mehr beten, daß Jesus uns heraushilft? Natürlich dürfen und sollen wir beten. Deshalb möchte auch ich für die Kranken beten, für die Verfolgten, für die, die in Gefahren sind, für die, die sich aufopfern um des Reiches Christi willen, gerade auch ein Stück weit stellvertretend für mich. Aber ich bete immer in dem Wissen, daß wir die Leiden Christi an Seiner Gemeinde nicht wegbeten können. Wir wollen immer beten: „Dein Wille geschehe!" Auch wenn die Leiden Christi *„reichlich über uns kommen" (2. Korinther 1,5)*, werden wir trotzdem nicht aufhören, für die

Kranken zu beten. Wir werden weiter um Bewahrung beten, daß die Drangsal ein Ende nimmt und die Verfolger sich auch bekehren, daß der Ehemann, der dich tyrannisiert, doch nachläßt und abläßt. Gott hilft, Gott rettet, Gott heilt. Aber es gibt ein Maß der Trübsal, das der Herr für einen jeden festgesetzt hat. Er legt niemandem mehr auf, als er zu tragen vermag (1. Korinther 10,13). *„Daher sollten auch die, welche nach dem Willen Gottes leiden, ihre Seelen ihm als dem treuen Schöpfer übergeben und dabei das Gute tun“ (1. Petrus 4,19; Sch 2000).*

Darf ein Christ krank sein?

„Darum sollen auch die, die nach Gottes Willen leiden, ihm ihre Seelen anbefehlen als dem treuen Schöpfer und Gutes tun." *(1. Petrus 4,19)*

„Leiden nach dem Willen Gottes" – das ist hier der Ausdruck, den Petrus gebraucht. Was heißt das? Es stellen sich zunächst zwei Fragen. Die erste lautet:

Kann es der Wille Gottes sein, daß Christen leiden?

Leid ist etwas Böses. Aber Gott ist gut. Also muß sich das doch gegenseitig ausschließen. Aber Petrus kennt diese Schwarz-Weiß-Malerei nicht, sondern er sagt: *„Wer nach dem Willen Gottes leidet."* Das heißt: Selbstverständlich kann es der Wille Gottes sein, daß Christen leiden. Auch andere Bibelstellen betonen das, zum Beispiel: *„Wir müssen durch viele Trübsale in das Reich Gottes eingehen" (Apostelgeschichte 14,22; Sch).* Auch im folgenden Vers wird das klar: *„Damit niemand wankend werde in diesen Trübsalen, denn ihr wisset selbst, daß wir dazu bestimmt sind" (1. Thessalonicher 3,3; Sch).* Christen sind also buchstäblich zur Trübsal bestimmt. Vom Griechischen her heißt das „Druck aushalten". Auch Jesus stellt diesen Grundsatz auf: *„Wer mir nachfolgen will, der verleugne sich selbst und nehme sein Kreuz auf sich und folge mir nach" (Markus 8,34).* Und wofür steht das Kreuz, wenn nicht für Leiden? Ohne Kreuz kann also niemand ein Nachfolger Jesu sein. Das ist ein biblischer Grundsatz, der keine Ausnahme kennt. Es gibt niemanden, der ohne Trübsal und ohne Bedrängnis zum Himmel eingehen wird. Ein Christsein, das uns auf dieser Welt nichts anderes als wolkenloses Glück beschert, ist nicht das Christsein der Bibel. Das ist Traumtänzerei und lustvolle Einbildung. Der Weg zur Herrlichkeit führt unvermeidlich durch Leid. Ohne Sterben wird niemand zur Auferstehung gelangen. Darum ist in der Bibel auch von den Kosten der Jüngerschaft die Rede. Das Heil ist umsonst. Aber die Nachfolge des Herrn Jesus hat ihren Preis, nämlich den Preis der Identifikation mit Jesus. Und damit sind wir schon bei der zweiten Frage:

Warum müssen Christen leiden?

Einmal, weil unsere Identifikation mit Christus automatisch Leiden hervorruft. Jeder, der sich zu Jesus bekennt, wird sofort genauso behandelt wie Er. Und wie wurde Er behandelt? Hat man Ihn auf Händen getragen? Nein, man hat Ihn verfolgt, geschlagen und getötet. Deshalb lehrt Jesus: *„Haben sie mich verfolgt, so werden sie euch auch verfolgen" (Johannes 15,20).* Unsere Leiden haben also mit Christus zu tun. Gotteskinder sind eins mit Jesus. Sie sind nicht nur einer Meinung mit Ihm, sondern sie sind durch ein übernatürliches Wunder Gottes mit Ihm zu einer einheitlichen Existenz vereint worden. Sie bestehen durch den Heiligen Geist konkret in Einheit mit Ihm. Wir sind nicht mehr zwei, sondern einer. Er ist das Haupt, und wir sind Seine Glieder.

Wenn mir jemand eine Ohrfeige gibt und die richtig sitzt, tut es mir wahrscheinlich auch im Fuß weh. Das heißt, der Fuß muß wegen des Hauptes leiden. Und so, wie sie Christus als unser Haupt geschlagen haben, trifft es auch uns als Seine Glieder. Nicht, daß unser Leiden Sühnungs- und Erlösungskraft hätte. Das hat allein das Haupt für den Leib erwirkt. Dennoch schreibt Paulus: *„Denn wie die Leiden des Christus sich reichlich über uns ergießen, so fließt auch durch Christus reichlich unser Trost" (2. Korinther 1,5; Sch 2000).* Durch Christus haben wir Trost, aber auch Leiden, und das reichlich. Das heißt, das Haupt ist schon durch die Leiden hindurch, aber der Leib noch nicht. Das Haupt hat alles vollbracht. Nichts ist dem hinzuzufügen. Aber dennoch müssen die Glieder dem Haupt noch folgen. Denn wir sind eins mit Ihm, nicht nur in Seiner Auferstehung, sondern auch in Seinem Sterben. Deshalb schrieb Paulus auch dieses: *„Ihn möchte ich erkennen und die Kraft seiner Auferstehung und die Gemeinschaft seiner Leiden und so seinem Tode gleichgestaltet werden" (Philipper 3,10).*

In einem Interview nimmt Joni Eareckson-Tada zu diesen Worten Stellung. Sie sprang mit 17 Jahren kopfüber ins Wasser, um zu tauchen. Dabei stieß sie auf niedrigen Grund und brach sich das Genick. Seit der Zeit ist sie nahezu bis zu ihrem Hals gelähmt und lebt schon viele Jahre mit diesem Leiden im Rollstuhl. Und nun sagt sie zu dem eben erwähnten Bibelwort: „Ich denke, daß ich bis zu meinem Unfall nicht richtig verstanden habe, was dieser Vers bedeutet. Wir alle möchten Christus und Seine Kraft der Auferstehung in unserem Leben kennenlernen. Aber nur wenige wollen Ihm in Seinem Leiden folgen. Und niemand möchte Ihm in Seinem Sterben gleich sein. Aber nur so werden wir wie Er. Wenn wir unser Kreuz auf uns nehmen, werden wir wie Er. Wenn wir mit Seiner Hilfe die Sünde überwinden, sterben wir der Sünde. **Wenn wir leiden und unser Leiden Gott immer wieder neu ausliefern, sterben unsere Sorgen und auch unsere Ängste**."[7] Genau das ist es, was Petrus in unserem Text sagt: *„Wer leidet nach dem Willen Gottes,* ***der befehle seine Seele dem treuen Schöpfer an****."* Christen leiden also nach Gottes Willen, und Paulus bezeichnet ihre Leiden schlichtweg als „die Leiden Christi", weil sie durch den Heiligen Geist untrennbar mit Ihm eins gemacht worden sind, in Seinem Leiden, Sterben und Auferstehen.

Ich spreche natürlich nicht von den Leiden, die entstehen, wenn jemand leidet *„als ein Mörder, als Dieb oder Übeltäter oder als einer, der in ein fremdes Amt greift" (1. Petrus 4,15).* Aber ansonsten darfst du, liebes Gotteskind,

---

[7] Interview mit Joni Eareckson-Tada in der ARCHE-Gemeinde Hamburg anläßlich eines Besuches im Jahre 1997

wissen, daß das, was du in deinem Leben zu erleiden und zu erdulden hast, nicht wie das allgemeine Schicksal eines jeden Sterblichen ist, sondern das Leidens- und Sterbensmuster Christi, das du auf deinem Weg der Nachfolge nachvollziehst. Diese Wahrheit versetzt uns in eine ganz andere Beziehung zu unseren Leiden. Denn sie haben nicht nur mit dir selbst zu tun, sondern mit Jesus. Es sind die Leiden Christi, die über die ganze Welt gehen. Sie bekommen dadurch einen tiefen Sinn und eine rechte Antwort. Letzten Endes sind die Leiden der Christen sogar ein Privileg, eine Würde, die uns von Gott gegeben ist, wenn wir um Seines Namens willen leiden dürfen. Die Identifikation, die Gemeinschaft mit Jesus ist die Ursache dafür, daß es uns nicht anders geht als Ihm.

Pädagogische Gründe

Eine zweite Antwort auf die Frage, warum Christen zum Leiden bestimmt sind, können pädagogische Gründe sein, Läuterung, Erziehung. Im Zusammenhang mit unserem Predigtvers schreibt Petrus, daß das Gericht am Hause Gottes beginnt (1. Petrus 4,17). Das bedeutet Erziehungsgericht. Wenn du sauber machen willst, fängst du wo an? Beim Nachbarn oder bei dir? Wenn du Kinder erziehst, fängst du wo an? Bei den Kindern der Fremden oder bei deinen eigenen? So ist das Wort zu verstehen, daß das Gericht am Hause Gottes beginnt.

Als ich als Kind einmal Äpfel stahl und dann von der Polizei mit sechs anderen jungen Dieben geschnappt wurde, brachte der Polizist uns alle zu meiner Mutter. Die schaute mich an, erkannte, was Sache war – und schon gab sie mir zwei Ohrfeigen, eine links, eine rechts, und das vor den Augen des Ordnungshüters und vor meinen Kameraden. Hinterher habe ich gefragt: „Mama, wieso schlägst du gerade mich? Die anderen haben doch noch mehr geklaut." Da sagte sie: „Was gehen mich die anderen an? Du bist mein

Kind.“ Das war also Gericht an ihrem „eigenen Haus“. Ein solches Erziehungshandeln Gottes bringt bei Seinen Kindern natürlich Leiden hervor, die aber nötig sind.

Manchmal höre ich von Christen, daß Leiden keinen Heiligungswert besäßen. Aber achten wir einmal auf dieses Wort: *„So hat er [Christus], obwohl er Gottes Sohn war, doch an dem, was er litt, Gehorsam gelernt“ (Hebräer 5,8).* Wir wollen uns mit der Tiefe dieses Wortes jetzt nicht näher befassen. Aber wenn es schon heißt, daß Jesus durch Leiden gelernt hat – und zwar Gehorsam –, wer sind dann wir, daß wir meinen, wir bräuchten keine Leiden, um voranzukommen? Das wäre ja absurd. Und deswegen ist und bleibt es wahr: Gotteskinder sind zum Leiden bestimmt. Erstens wegen unserer Identifikation mit Christus und zweitens wegen unserer dringend notwendigen Besserung.

Welche Leiden sind gemeint?

Sind alle Leiden „Leiden nach dem Willen Gottes“? Aus der Perspektive des uns verborgenen Ratschlusses Gottes, ohne dessen Willen nichts in dieser Welt geschieht, kann man diese Frage grundsätzlich bejahen. Denn alle Dinge müssen schließlich so kommen, wie Gott es will, damit Sein ewiger Vorsatz zur Ausführung kommt. Aber aus der Perspektive des uns geoffenbarten Willens Gottes müssen wir feststellen, daß Leiden aufgrund von Sünde nicht Gottes Willen entsprechen. Es gibt Leiden, die ein Christ vermeiden sollte. Er sollte beispielsweise, wie wir schon gesehen haben, nicht leiden *„als ein Mörder oder als Dieb oder Übeltäter“ (1. Petrus 4,15).*

Aber **Leiden, die durch den täglichen Lebenskampf entstehen**, beispielsweise durch die Mühe um das tägliche Brot, durch schwere Arbeit und Fürsorge für die Familie, sind Leiden nach Gottes Willen. Paulus zum Beispiel litt Hunger, Kälte und Schiffbruch um der Mission willen. Wie auch Jesus Opfer brachte, sind auch wir aufgerufen, Opfer zu bringen. In Galater 6, Vers 2 lesen wir: *„Einer trage des anderen Last, so werdet ihr das Gesetz Christi erfüllen."* Es heißt nicht: „Einer erfahre des anderen Lust", sondern: *„Einer trage des anderen Last."* Und wenn wir das tun, entsteht Druck. Paulus sagt an anderer Stelle: *„Ich ermahne euch nun, ... daß ihr eure Leiber hingebt als ein Opfer, das lebendig, heilig und Gott wohlgefällig ist" (Römer 12,1).* Das heißt, wir geben dem Herrn eine dankbare Antwort auf Sein Opfer und werden selbst zum Opfer. Nun sage niemand, daß man ein Opfer sein kann, ohne zu leiden. Wir sehen auch hier: Christsein und Leiden gehören untrennbar zusammen.

Dann gibt es auch **Leiden aufgrund von Versündigungen anderer an uns**, von denen wir auch sagen können, daß sie nach Gottes Willen sind, Schmähungen zum Beispiel, Beleidigungen oder unter falschen Brüdern zu sein. Auch diese Drangsale und Schmerzen mußte Jesus ertragen. Uns widerfährt also nichts Außergewöhnliches, sondern etwas für Christen ganz Normales. Das sind Leiden nach Gottes Willen.

Aber dann gibt es auch Leiden, **weil uns der Teufel Druck macht**. Er steckt in der Tat oft dahinter, wenn Christen leiden – wenn nicht sogar immer. Und das auch gerade bei Krankheit. Ich lese und höre immer wieder, daß gesagt wird: „Krankheit ist nicht der Wille Gottes, sondern ist vom Teufel. Darum will Gott jeden Glaubenden auch heilen." Aber wieso kann das, was vom Teufel kommt, nicht auch von Gott gewollt sein? Das eine schließt das andere nach der Bibel doch nicht aus, wie wir gleich sehen werden.

Die Bibel sagt, daß Krankheit die Folge des Sündenfalles ist und somit in der Tat in engster Verbindung mit Satan steht. Sie lehrt, daß Gott grundsätzlich ein Feind der Krankheit und des Todes ist, weshalb Er sie ja auch am Kreuz überwunden hat. Und eines Tages werden auch beide aus dieser Welt verschwunden sein. Aber Gottes Plan ist es, Krankheit und Tod – obwohl besiegt – ebenso wie die Sünde noch unter uns zu lassen, bis an den Tag Seiner Herrlichkeit. Erst dann heißt es: *„Gott wird abwischen alle Tränen von ihren Augen, und der Tod wird nicht mehr sein, noch Leid noch Geschrei noch Schmerz wird mehr sein" (Offenbarung 21,4).* Bis dahin müssen wir uns allerdings noch mit der Gegenwart von Sünde, Krankheit und Tod abfinden. Und derjenige, der dafür sorgt, daß das so ist, ist tatsächlich der Teufel. Obwohl Christus auch ihn definitiv besiegt hat, hat es Gott doch gefallen, ihn noch unter uns wirken zu lassen. Aber seine Wirksamkeit steht unter der absoluten Kontrolle Gottes. Von Martin Luther wird folgendes treffende Zitat überliefert: „Der Teufel ist der Kettenhund Gottes." Das heißt: Ungewollt ist er Gottes Handlanger und steht unter Gottes Herrschaft.

Das zeigt uns die große Geschichte von Hiob. Von wem kamen die bösen Geschwüre, die Hiobs Körper übersäten? Von wem kam die Krankheit? Ja, sie kam vom Teufel. Aber das ist nur die vordergründige Wahrheit. Die tiefere, hintergründige Wahrheit ist, daß Gott selbst die Krankheit wollte. Sonst hätte Er dem Satan nicht die Erlaubnis für diese Attacke gegeben. Aber aus Prüfungs- und Schulungsgründen wollte Gott diesen Test. Deshalb sagte Hiob nicht: „Der Herr hat es gegeben, und der Teufel hat es genommen." Sondern er hat bekannt: *„Der HERR hat's gegeben, und der* ***HERR*** *hat's genommen; der Name des HERRN sei gelobt!" (Hiob 1,21).* Hiob wußte, daß der Teufel seine Hände im Spiel hatte, und dennoch bezog er sein Leiden auf keinen anderen als auf Gott. Nach Beendigung der endlos langen Krankheits- und Leidensgeschichte des Hiob lesen wir: *„... und [sie] trösteten ihn über alles Unglück, das der* ***HERR*** *über ihn hatte kommen lassen" (Hiob 42,11).*

Deshalb kann die Bibel auch schreiben: *„Wer hat dem Menschen den Mund geschaffen? Oder wer hat den Stummen oder Tauben oder Sehenden oder Blinden gemacht? Habe ich's nicht getan, der HERR?" (2. Mose 4,11).* Wie kann jemand angesichts eines solchen Verses behaupten, Gott wolle niemals Krankheit? Ist hier ein Sehender? Dann sage ich dir: „Gott hat dich gemacht." Ist hier ein Blinder? Dann sage ich dir: „Gott hat dich auch gemacht." Das ist der eindeutige Befund der Bibel. Der Teufel hat seine Hände drin. Aber daß es so ist, wie es ist, ist die Absicht Gottes. So ist es auch mit deiner Krankheit als Christ.

Lukas berichtet uns von einer Frau, die 18 Jahre lang gekrümmt war (Lukas 13,10-17). Jesus nennt ihre Verkrüppelung einen *„Geist der Krankheit" (Vers 11; Sch).* Und Er sagt weiter, daß sie der Satan schon achtzehn Jahre gebunden hielt (Vers 16). Ich sehe in dieser Geschichte eindeutig eine Parallele zu der Geschichte von Hiob. Jesus macht nicht ihre Sünden für ihr Leiden verantwortlich und spricht auch nicht von Besessenheit, sondern nennt sie positiv und ehrenvoll *„Abrahams Tochter" (Lukas 13,16).* Allerdings weiß Jesus, daß auch bei dieser Krankheit der Teufel im Spiel ist, wie bei Hiob. Und so, meine ich, ist es bei allen Gotteskindern. Die Angriffe des Bösen geschehen nicht ohne den Willen des Herrn. Sie sind uns von Ihm mit bester Absicht zugedacht, möglicherweise damit die Werke Gottes offenbar werden sollen, wie bei jenem blindgeborenen Mann in Johannes 9, Vers 3. Von seiner Geburt an bis ins Erwachsenenalter war er blind, und zwar nach Gottes Willen.

Nehmen wir auch Paulus. Auch er hatte es mit dem Teufel zu tun. Er schreibt: *„Und ... ist mir gegeben ein Pfahl ins Fleisch, nämlich des Satans Engel, der mich mit Fäusten schlagen soll, damit ich mich nicht überhebe" (2. Korinther 12,7).* Hinter seiner Schwachheit steckte also der Teufel. Und Gott wollte es so. Denn nach dreimaligem Gebet antwortet ihm sein Herr: *„Laß dir an meiner Gnade genügen, denn meine Kraft kommt in Schwachheit zur Vollendung" (Vers 9; Elb).* Und wozu wollte Gott diese Schwäche für Paulus? Er schreibt: *„... damit ich mich wegen der außerordentlichen Offenbarungen nicht überhebe" (Vers 7; Sch)* – also aus Erziehungs- und Heiligungsgründen.

Wir sehen also, daß auch körperliche Schwachheiten der Gotteskinder in der Regel Verfolgungsleiden sind, gottgewollte Leiden, die der Teufel aus Haß, wegen unserer Zugehörigkeit zu Christus über uns bringt. Er will uns schaden und uns verwirren wie Hiob, aber Gott nutzt das positiv zur Festigung unseres Glaubens, und deshalb will Er es. Also bleibe inmitten deiner Leiden fest an der Seite Jesu und laß dich nicht verunsichern, sondern verhalte dich, wie Petrus es uns in unserem Predigttext empfohlen hat: *„Daher sollten auch die, welche nach dem Willen Gottes leiden,* ***ihre Seelen ihm als dem treuen Schöpfer übergeben.****"*

Das Maß und die Zeitdauer des Leidens

Ganz gewiß sollen wir tun, was in unserer Macht steht, um Not zu lindern, aber wir sollen nicht fanatisch oder gar gegen Gott hadernd unsere Leiden wegpressen wollen, sondern dürfen unsere Seelen dem Herrn anbefehlen, denn das Maß und die Zeitdauer des Leidens bestimmt der Herr und nicht der Feind. *„Gott aber ist treu, der nicht zulassen wird, daß ihr über euer Vermögen versucht werdet, sondern mit der Versuchung auch den Ausgang schaffen wird, so daß ihr sie ertragen könnt" (1. Korinther 10,13; Elb).* Das heißt, unser Gott ist Herr über jede Versuchung. Er läßt sie vom Teufel durchführen, der aber die von Gott gesetzten Grenzen nicht überschreiten kann. Das Maß der Schwere und der Länge bestimmt Christus allein. Er legt eine Last auf, aber Er hilft auch tragen. Denn: *„Der Herr weiß die*

Gottseligen aus der Versuchung zu retten" (2. Petrus 2,9; Elb). Deshalb ist das Beste, was Christen in ihrem Leiden tun können, sich ihrem Herrn und Heiland Jesus Christus zu ergeben. Denn in der Ergebung liegt eine enorme Kraft. Wer sich an seinen Leiden ständig aufreibt und sich verzweifelt gegen sie aufbäumt, wird seelisch, nervlich und auch körperlich wahrscheinlich immer schwächer. Wer sich aber den Händen Gottes überläßt, wird unbemerkt immer stärker, und nicht selten sind Christen auf diesem Wege eher gesund geworden, als wenn sie verbittert kämpften.

Sollen wir denn nicht mehr beten, wenn wir krank sind? Ergebung schließt das Gebet um Heilung selbstverständlich mit ein. Wir dürfen und sollen beten, aber immer unter der Prämisse: *„Dein Wille geschehe!"* So hat deine Seele Frieden in guten wie in schweren Zeiten. Das schenke dir der Herr.

Sorgenfrei leben

„Alle eure Sorge werft auf ihn; denn er sorgt für euch."
(1. Petrus 5,7)

Wenn der Apostel Petrus uns ermahnt, alle Sorgen auf Christus zu werfen, kritisiert er damit nicht unser verantwortliches Handeln. Väter und Mütter z.B. haben selbstverständlich Verantwortung für ihre Kinder. Aber wenn die Sorge für die Kinder zur Panik wird und bis zum äußersten Exzeß geführt wird, nennt die Bibel das Sünde.

Überzogene Angstzustände bezüglich unserer Gesundheit oder im Blick auf unseren Arbeitsplatz und viele andere Dinge zeigen, daß dich der Sorgengeist gefangenhält. Wenn du arbeitslos bist, ist es selbstverständlich, daß du dich um Arbeit bemühst. Und wenn du krank bist, ist es ebenso selbstverständlich, daß du den Arzt besuchst und alles tust, was in deiner Kraft steht, damit es besser mit dir wird. Aber wenn die Sorge zu einem Gespenst wird, zur Panik, dann ist Sorge eine Sünde, und zwar aus dem einfachen Grund, weil Gott sagt: „Sorget nicht!" Somit übertreten wir Sein Gebot. Zudem sind Sorgen ein Ausdruck des Mißtrauens Gott gegenüber. Wir glauben Ihm nicht, daß Er unser ganzes Leben fürsorgend in Seiner Hand hält. Wenn jemand sorgt und sich dabei fast umbringt, ist das ein Ausdruck seines Zweifels Gott gegenüber. Wir glauben nicht, daß der Herr uns versorgen kann und wird und bringen damit eigentlich zum Ausdruck: „Lieber Gott, ich mache meine Sache lieber alleine."

Ein Mann sagte einmal, als er auf dem Flughafen mit einem Bekannten, der Pastor war, zusammensaß: „Eigentlich fliege ich nicht gerne." Der Pastor fragte nach: „Warum denn nicht?" Die Antwort lautete: „Ja, weißt Du, da bin ich zu sehr in Gottes Hand." Diese Aussage spiegelt das Empfinden vieler Menschen wider: Wenn man eine Sache nicht mehr selbst im Griff hat, sondern vollkommen abhängig ist, wird einem mulmig. Aber ist es nicht das Sicherste, was einem passieren kann, ganz in der Hand Gottes zu sein?

Deswegen, liebe Freunde, wer sich den Sorgen auf diese Weise hingibt – und ich glaube, es gibt viele, die von dieser Geißel geplagt werden –, macht Gott zum Lügner. So sagt es die Bibel: *„Wer Gott nicht glaubt, der macht ihn zum Lügner" (1. Johannes 5,10).* Willst du das wirklich? Der Herr verspricht doch ausdrücklich: *„Ich will dich nicht verlassen noch versäumen" (Hebräer 13,5; Sch).* Glaubst du Ihm? Und Er sagt auch: *„Ich will euch tragen bis ins Alter und bis ihr grau werdet" (Jesaja 46,4; LÜ 1912).*

Sorgen ist Mißtrauen gegen Gott

Vielleicht gehst du nicht so weit, daß Gott Sein Wort bricht, aber unterschwellig drückst du mit deinem Sorgengeist aus: Es mag sein, daß Gott Seine Fürsorgezusage nicht brechen will, aber vielleicht **kann** Er mich nicht versorgen. Deine Sorgen drücken aus, daß du meinst, es besser zu können als der Herr, und du darum dein Leben selbst in die Hand nehmen möchtest. Welch ein Zweifel, welch eine Sünde, welch ein Unglaube ist das! Du traust dem Gott, der Himmel und Erde gemacht hat und alles, was darin ist, der die Sterne in Seiner Hand hat, die Sonnensysteme nach Seinem Plan und nach Seinem Rat lenkt, dem traust du nicht zu, daß Er dein kleines Leben versorgt? Das ist eine Beleidigung dem allmächtigen Gott gegenüber!

Jesus sagt: Nehmt doch ein Beispiel an der Kreatur. *„Seht die Vögel des Himmels an. Sie säen nicht und ernten nicht, sie sammeln auch nicht in die Scheunen, und euer himmlischer Vater ernährt sie doch. Seid ihr nicht viel mehr wert als sie? Betrachtet die Lilien des Feldes, wie sie wachsen! Sie mühen sich nicht und spinnen nicht; ich sage euch aber, daß auch Salomo in all seiner Herrlichkeit nicht gekleidet gewesen ist wie eine von ihnen. Wenn nun Gott das Gras des Feldes, das heute steht und morgen in den Ofen ge-*

worfen wird, so kleidet, wird er das nicht viel mehr euch tun, ihr Kleingläubigen?" (Matthäus 6,26+28-30; Sch 2000).

Darum sündige nicht und mißtraue nicht deinem Schöpfer und Erretter, der gesagt hat: *„Fürchte dich nicht; denn ich bin mit dir; schaue nicht ängstlich umher, denn ich bin dein Gott; ich stärke dich, ja, ich helfe dir, ja, ich stütze dich mit der Rechten meiner Gerechtigkeit" (Jesaja 41,10; unrev. Elb).* Gotteskinder und ihr, die ihr es heute werden wollt – ihr dürft Gott vertrauen! Welch eine herrliche Botschaft!

Außerdem kann man mit Sorgen sowieso selten etwas Gutes erreichen, bewirken sie doch meistens noch andere Sünden. Wenn ein Geschäftsmann sein Geschäft nicht dem Herrn überlassen kann, wird er versucht sein, unehrliche Wege zu gehen, um seinem Geschäft mit unlauteren Tricks selbst nachzuhelfen. So ist die Sünde der Sorge die Mutter anderer Sünden, die ihr folgen. Wer den Verheißungen Gottes nicht glaubt, der geht krumme Wege und macht sich dadurch selbst unglücklich und bekommt ein belastetes Gewissen.

Im übrigen: Sorgen machen uns auch mürrisch, unzufrieden und bitter. Ständig sind wir am Jammern und am Klagen. Und was für ein Zeugnis geben wir ab, wenn wir als Christen ständig griesgrämig, hadernd und unzufrieden durch die Welt gehen! Das ist ja schrecklich! Macht es doch lieber so, wie ich es als kleines Kind gemacht habe – aber völlig unbewußt.

Meine Mutter hat mir die Geschichte erzählt. Damals, gleich nach dem Kriege, hatten alle Hunger, und niemand wußte, wie er das tägliche Brot bekommen sollte. Meine Mutter kannte aber eine Bäuerin am Rande von Hamburg. Die Frau war ihr eigentlich sehr zugetan, und so fuhr meine Mutter immer wieder zu ihr hin, wenn sie für ihren kleinen Jungen und auch für sich selbst und den Papa etwas zu essen besorgen wollte. Bei diesen Touren durfte ich immer mit dabei sein, vorne im Körbchen am Fahrradlenker.

Eines Tages aber kam uns schon der große Hund entgegengesprungen, den die Bäuerin – aus welchen Gründen auch immer – losgelassen hatte. Und dann jagte uns die Frau vom Hof. Meine Mutter war so erschrocken, sie konnte überhaupt nicht verstehen, was den Sinneswandel bei der Bäuerin ausgelöst haben konnte. So hatte sie diesmal überhaupt nichts für die Familie zu essen bekommen. Man kann sich vorstellen, daß sie sehr traurig und betroffen nach Hause radelte.

Während sie überlegte, wie es nun weitergehen sollte, fing ich als kleiner Knirps auf einmal an, aus meinem Körbchen heraus zu singen: „Lob und Dank, Lob und Dank, Lob und Dank! Gotteskinder sagen immer: Lob und Dank!“ Meine Mutter war auf einmal hellwach. Was wußte ihr kleiner Sohn schon von Lob und Dank? Ihr wurde klar, daß es der Heilige Geist war, der durch die Stimme ihres kleinen, unmündigen Jungen zu ihr geredet hatte!

Wenn dieser Heilige Geist unsere Herzen erfüllt, dann werden auch Gotteskinder, die schon älter sind, wieder wie Kinder, denn wir dürfen doch dem Herrn vertrauen, daß Er unser treuer Versorger ist! Wenn das in unserem Herzen ist, laufen wir nicht wie die Griesgrame durch das Land und schrecken nicht andere Menschen vom Glauben an Jesus Christus ab. Wollen wir also Christen sein mit einem fröhlichen Gesicht, auch wenn wir Sorgen und Nöte haben? Gott schenke es uns!

Sorgen machen psychisch krank

Ein weiterer Punkt ist, daß der Sorgengeist psychisch krank machen kann. Unsere Ängste können uns im Extremfall am Ende sogar ins Irrenhaus bringen. Sie helfen uns nicht, sondern sie zerstören unsere Nerven. Paul Gerhardt stellte schon vor vielen Jahren fest: „MIT SORGEN UND MIT

Grämen und mit selbsteigner Pein lässt Gott sich gar nichts nehmen: Es muss erbeten sein."[8]

Eine Statistik besagt, daß es sich bei den Ängsten, von denen Menschen gequält werden, zu vierzig Prozent um Ängste vor Ereignissen handelt, die niemals eintreten. Vielleicht kennst du das von dir selbst: Du machst dir Sorgen, wenn deine Frau nicht pünktlich nach Hause kommt. In deiner Phantasie stellst du dir vor, sie hätte einen Unfall gehabt, und du siehst sie schon blutüberströmt unter dem Auto liegen ...

Es kam einmal eine Frau zu mir, die untröstlich war und sagte: „Ich glaube, unser Haus brennt!" Ich fragte sie: „Ja, woher wissen Sie denn das?" Sie antwortete: „Ich ahne das, ich ahne das!" Darauf empfahl ich ihr: „Dann rufen Sie doch die Feuerwehr." Aber das wollte sie doch nicht. Dennoch machte sie sich selbst mit der Vorstellung fertig, ihr Haus könnte in Flammen aufgehen und ihre kleinen Kinder würden dabei umkommen. Ich merkte, wie stark die Frau psychisch und nervlich angeschlagen war, weil sie sich virtuellen Ängsten hingab.

Sorgen um Dinge, die tatsächlich nie eintreten, rauben uns die Energie, die wir für die wirklichen Aufgaben des Lebens brauchen. Eine alte, lebenserfahrene Frau sagte einmal: „Ich hatte viele Probleme im Leben. Die meisten aber waren solche, die nie geschahen." Kennt ihr den Ausdruck: „Vorfreude ist die schönste Freude!"? Das Gegenstück heißt eigentlich: „Vorleiden sind die schrecklichsten Leiden." Ich denke, das ist wahr. Sorge und Angst sind wie Sand in unserer Lebensmaschinerie. Aber Gottvertrauen wirkt wie Öl. Dann läuft alles rund in unserem Herzen.

---

[8] Aus der zweiten Strophe von „Befiehl du deine Wege" von Paul Gerhardt (1607-1676). Pfingstjubel Nr. 471

Das Gegenteil von Sorgen ist Seelenfrieden

Kannst du dich an die Geschichte mit Jesus auf dem Boot erinnern, das in einen heftigen Sturm geriet? Jesus schlief, während die Wellen das Boot unter Wasser setzten. Die Jünger gerieten in Panik und riefen voller Angst: *„Meister, fragst du nichts danach, daß wir umkommen?"* Jesus entgegnete ihnen: *„Was seid ihr so furchtsam? Habt ihr noch keinen Glauben?" (Markus 4,38+40)*.

Die Geschichte von Petrus gefällt mir fast noch besser. Petrus saß im Gefängnis, und am nächsten Tag sollte möglicherweise sein Glaubensbruder und Mitapostel Jakobus hingerichtet werden. Stell dir vor, du hättest dich in dieser Situation befunden. Wie viele Schlaftabletten hättest du geschluckt, um diese Aussichten zu verdrängen und schlafen zu können? Die Bibel berichtet uns dagegen: *„In jener Nacht, als Herodes ihn vorführen lassen wollte, schlief Petrus zwischen zwei Soldaten, mit zwei Ketten gefesselt, und die Wachen vor der Tür bewachten das Gefängnis" (Apostelgeschichte 12,6)*. Wieso konnte Petrus selbst in einer solchen Situation noch so gut schlafen? Er hatte eine gute Medizin, und zwar ohne jede Nebenwirkung: sein kindliches, hundertprozentiges Gottvertrauen. Morgen erhältst du möglicherweise dein Todesurteil, und heute schläfst du.

Ich hörte von einer Frau, die beständig voller Sorge war, daß jemand in ihr Haus einbrechen könnte. Jeden Abend fragte sie ihren Mann: „Hast Du auch gut abgeschlossen? Hast Du alle Fenster kontrolliert? Und was ist mit der Kellertür?" Eines Nachts hörte das Ehepaar tatsächlich Geräusche im Erdgeschoß. Der Mann dachte sich: „Na, das wird er jetzt wohl sein", und ging nach unten. Tatsächlich war jemand eingestiegen. Da begrüßte der Mann den Einbrecher mit den Worten: „Schön, daß Sie da sind. Meine Frau hat schon zehn Jahre auf Sie gewartet!" Ich glaube, diese humorvolle Geschichte zeigt, wieviel schlimmer das sein kann, was wir in unserer Phantasie erleben, als das, was tatsächlich geschieht. Auf diese Weise wird das Leben vieler vom Geist der Sorgen gefangengehalten.

Der Psalmist aber sagt: *„Ich liege und schlafe ganz mit Frieden, denn allein du, HERR, hilfst mir, daß ich sicher wohne“ (Psalm 4,9).* Vertraue dem Herrn, denn Er spricht auch zu dir: *„Fürchte dich nicht! Denn ich bin mit dir“ (Jesaja 43,5; Elb).* Dein Leben ist in Gottes Hand. Diese Medizin habe ich dir mitgebracht. Das sind wunderbare Beruhigungstabletten des Geistes Gottes. Ich habe dafür gebetet, daß der Geist Gottes dein Herz so berühren möge, daß ein tiefer Friede wegen all deiner Sorgen bei dir einkehrt – anstatt daß dich Angst und Panik quälen. Warum willst du heute schon wissen, wie alles endet? Gott weiß es doch, und Er lenkt auch alle Dinge. Seine Gedanken sind höher als unsere Gedanken, und Seine Wege sind höher als unsere Wege. Deshalb kannst du Ihm getrost dein Leben überlassen. Er wird es recht führen!

Und wenn du Jesus noch gar nicht kennst und Ihm noch nicht persönlich begegnet bist, möchte ich dir sagen: Glaube heute an den Herrn Jesus Christus! Nimm Ihn als deinen Herrn und Heiland an, tue Buße über deine Sünde und bekehre dich! Und der Friede Gottes, der höher ist als alle Vernunft, der bewahrt auch dein Herz und deine Seele zum ewigen Leben. In Jesu Namen.

Laß los und lebe!

„Alle eure Sorge werft auf ihn, denn er sorgt für euch.“
(1. Petrus 5,7)

„Alle eure Sorge werft auf ihn.“ Das heißt: Wir verdrängen nicht unsere Sorgen, wir versuchen auch nicht, sie uns selbst auszureden, und wir probieren es auch nicht mit positivem Denken, wie es ja heute oft üblich ist. Statt dessen werfen wir unsere Sorgen auf Jesus. Viele bürden ihre Sorgen anderen auf und belasten sie damit unnötig. Aber Petrus sagt: „Alle eure Sorge werft auf Jesus.“ Wir dürfen unserem Herrn Jesus alles bringen, so wie schon der Psalmist sagte: *„Wirf dein Anliegen auf den HERRN; der wird dich versorgen und wird den Gerechten in Ewigkeit nicht wanken lassen“ (Psalm 55,23).*

Welche Sorgen dürfen wir auf Jesus werfen?

Zunächst möchte ich eine Sorge nennen, die **Jesus nicht trägt: Sorgen**, die durch die **menschliche Gier** hervorgerufen werden, nach dem Motto: „Je mehr er hat, je mehr er will; nie schweigen seine Wünsche still.“ Manche Menschen haben ja ganz verrückte Ambitionen in Sachen Geld und Reichtum und Besitz und bezüglich ihrer Ehre und Karriere und ihres Ansehens, so daß ihre hehren Ziele – oder besser gesagt: ihre dummen Ziele – sie in Sorgen und Konflikte stürzen.

Diese Sorgen trägt Jesus nicht. Wenn du Sorgen hast, weil du ein Haus nach dem anderen und einen Acker nach dem anderen kaufen willst, und dann nicht mehr weißt, wie du das alles finanzieren kannst, rate ich dir: Verkaufe lieber alles und gib das Geld statt dessen den Armen. Denn wenn das, was du zusammengerafft hast, der Grund für deine Sorgen ist, bringe doch lieber alles wieder unter die Leute. Wie gesagt: Solche Sorgen trägt Jesus nicht, die will Er nicht haben.

Aber dann gibt es viele Sorgen, die Jesus gern trägt. Da sind z.B. **die Sorgen um unser tägliches Brot** und um alles, was du zum Leben wirklich brauchst – diese Sorgen übernimmt der Herr gerne. Das ist es, wofür Er zu sorgen versprochen hat. David sagt: *„Ich war jung und bin auch alt geworden, und nie sah ich den Gerechten verlassen noch seinen Samen nach Brot gehen" (Psalm 37,25; unrev. Elb)*. Jesus fragte einmal Seine Jünger: *„Habt ihr je Mangel gehabt?"* Und sie antworteten: *„Niemals" (Lukas 22,35)*.

Eine weitere Sorge, die du dem Herrn anbefehlen darfst, ist **die Sorge um deine Kinder**. Er hat sie dir doch gegeben. Also darfst du Ihm auch ihre Entwicklung überlassen. Vielleicht hast du in deinem Herzen die bange Frage: „Werden sie sich bekehren? Oder werden sie auf die schiefe Bahn geraten? Werden sie vielleicht sogar verlorengehen?" Diese Sorge ist zu groß, als daß du sie alleine tragen könntest! Manche Christen geben die Sorge um ihren Nachwuchs trotzdem nicht an ihren Herrn ab. Statt dessen reden sie von früh bis spät auf die Kinder ein und überhäufen sie mit christlichen Büchern und Kassetten, damit sie sich endlich bekehren. Wenn du dich ähnlich verhältst, möchte ich dir sagen: Du kannst deine Kinder nicht mit der Brechstange zu Christus bringen. Und deine Sorgen helfen dir da auch nicht weiter. Gib deine Kinder doch statt dessen an den ab, der den Schlüssel zu den Herzen der Ungläubigen hat! Er weiß, wie Er auch deine Kinder erreichen kann!

Wirf auch **die Sorge um dein geistliches Leben** auf Christus. Es ist gut, wenn du erkannt hast, daß du mit deiner Sünde und Schuld nicht vor dem Herrn erscheinen kannst, weil Er ein heiliger und gerechter Gott ist. Die Sorge um unser Seelenheil ist eine äußerst wichtige Sorge – sie sollte sogar die größte Sorge in unserem Leben sein. Daher frage ich auch dich: „Bist du für die Ewigkeit gerettet?"

Du darfst alle deine Sünden auf Jesus werfen. Am Kreuz von Golgatha hat Gott den größten Schuttabladeplatz der Welt gebaut. Das ist kein Recycling-Hof, wie man heute diese Plätze nennt, sondern ein Vernichtungsplatz. Da hat der lebendige Gott in Jesus Christus die Sünde unseres Lebens vernichtet, sie in das tiefste Meer versenkt, wo sie für immer unerreichbar ist. Der Liederdichter singt: „MEINE SÜNDEN SIND VERGEBEN. ICH BIN FREI, ICH BIN FREI! CHRISTUS SCHENKTE MIR DAS LEBEN. ICH BIN FREI, ICH BIN FREI!“[9] Halleluja! Also wirf auch du deine Lebensschuld, all deine Selbstanklagen und auch die Anklagen anderer Menschen, dein belastetes Gewissen ganz und gar auf den Herrn Jesus. *„Alle eure Sorge werft auf ihn, denn er sorgt für euch“ (1. Petrus 5,7).*

Die Sorge um das Heil

Es gibt dennoch manche Gotteskinder, die immer noch verzagen und sich fragen: „Werde ich auch selig werden? Werde ich nicht eines Tages abfallen?“ Solchen Gläubigen möchte ich sagen: Durch diese Sorgen wirst du den Himmel nicht erreichen, sondern du darfst auch sie an deinen Herrn abgeben, denn Paulus ist *„darin guter Zuversicht, daß der in euch angefangen hat das gute Werk, der wird's auch vollenden bis an den Tag Christi Jesu“ (Philipper 1,6).* Und der Schreiber des Hebräer-Briefes sagt über Christus: Er ist *„der Anfänger und Vollender des Glaubens“ (Hebräer 12,2).* Ist das nicht wunderbar? Außerdem hat der Herr Jesus den Gotteskindern verheißen: *„Niemand wird sie aus meiner Hand reißen“ (Johannes 10,28).* Darum: *„Alle eure Sorge werft auf ihn, denn er sorgt für euch“ (1. Petrus 5,7).*

Was wird mit mir passieren, wenn ich doch aus Versehen einmal irregehen sollte? Dieser Gedanke war auch schon in meinem Herzen. Davor hatte ich große Angst,

---

[9] Strophe 1 des gleichnamigen Liedes (Verfasser unbekannt). Pfingstjubel Nr. 260

denn ich wollte doch Jesus treu bleiben. Aber auf der anderen Seite kann ich meine Hand für mich selber auch nicht ins Feuer legen. Schließlich gab es vor mir schon so viele Christen, die dann doch untreu wurden. Wie könnte ich mir da einbilden, besser zu sein als diese alle?

Da hat mich die Geschichte von Petrus sehr getröstet. Er war davon überzeugt, sich auf sich selbst und seine Treue verlassen zu können. Er sagte zu seinem Herrn: „Und wenn sie Dich alle verlassen, werde ich Dich aber nicht verlassen!" Jesus antwortete ihm: *„Simon, Simon! Siehe der Satan hat euer begehrt, euch zu sichten wie den Weizen.* ***Ich aber habe für dich gebetet, daß dein Glaube nicht aufhöre*** *" (Lukas 22,31-32; Elb).* Ist das nicht wunderbar?

Petrus scheiterte, denn er verleugnete seinen Herrn. Aber kam er deswegen um? Nein, das konnte er nicht, Jesus betete ja für ihn. So ging er nur hinaus und weinte bitterlich. Das wurde mir einmal so groß, und ich dachte: „Das ist ja zu schön, um wahr zu sein! Jesus betet für mich. Er vertritt mich vor dem Vater!" Kann man sich vorstellen, daß der Vater ein Gebet Jesu nicht erhört? Natürlich nicht. Sondern ich vertraue meinem Herrn und glaube, daß ich aufgrund Seiner Fürbitte bezüglich meines ewigen Heils gewiß sein kann. Jesus übernimmt diese Sorgen, denn selbst wenn *„wir untreu [sind], so bleibt er doch treu, denn er kann sich selbst nicht verleugnen" (2. Timotheus 2,13).* Eine solche Wahrheit tröstet unser Herz und macht unsere Seele stark.

Wie wirft man seine Sorgen auf Jesus?

Natürlich **im Gebet**. Wir können unserem Herrn doch alles sagen. Wenn Gott für dich noch ein Fremder sein sollte, möchte ich dir sagen: Durch Jesus kannst du Gott so nahe kommen. Dann ist Er dein Vater und nicht mehr ein fremder Herrgott. Bete darum, auch in eine solche persönliche Beziehung zu Gott hineinzufinden.

Ein anderer Weg, wie man seine Sorgen auf Jesus wirft, ist, einfach **loszulassen**. Gib nicht nur deine Sorgen an Christus ab, sondern laß dich auch selbst los. Christen wissen, daß ihnen alles in dieser Welt nur auf Zeit geliehen ist. Und wenn dein Leben dir nur für eine bestimmte Zeit von Gott geliehen ist – hat Er dann nicht das Recht, es zu Seiner Zeit auch wieder zurückzunehmen? Natürlich!

Er hat dir dein Leben gegeben, Er ist der Herr über Leben und auch über den Tod. Wie kannst du dann behaupten, daß du einen Anspruch auf mindestens fünf oder zehn weitere Jahre hättest? Wir haben keinen Anspruch, mindestens 80 oder 70 oder wenigstens 50 Jahre alt zu werden. Unser Leben ist uns von Gott einfach aus Seiner freien Gnade geschenkt – ohne unseren Verdienst, aber auch ohne Rechte und ohne jeden Anspruch.

Auch auf den Ehepartner haben wir keinen Anspruch. Manche Ehemänner verhalten sich ja so, als ob die Frau ihr Eigentum wäre. Die Bibel sagt aber: „Habt Frauen, als hättet ihr sie nicht“ (nach 1. Korinther 7,29). Das gleiche gilt auch für die Kinder. Auch sie sind nur geliehen und nicht das Eigentum der Eltern. Ebenso ist es mit Geld und Besitz, mit der Gesundheit, unserer Intelligenz und Denkfähigkeit. Und wenn Gott dann das, was Er uns geliehen hat, in Seiner Weisheit und Souveränität zurückfordert – wie können wir es dann festhalten wollen? Wir sind doch schließlich Leibeigene Gottes. Früher waren wir Knechte der Sünde, heute sind wir Knechte des lebendigen Gottes, denn wir gehören Christus an.

Darum ist meine Frage heute: Bist du bereit, dein Leben, deine Zukunft, alles, was du bist und hast, auch deine Familie, Gott zur freien Verfügung zu stellen? Sagst du: „Herr, tue Du, was Dir gefällt!“? Gott fragt in Seinem Wort: *„Habe ich nicht Macht, mit dem Meinen zu tun, was ich will?“ (Matthäus 20,15; Sch).* Das ist eine herausfordernde Botschaft, die sicherlich viele zum Nachdenken bringt. Und genau das ist es, was Gott auch haben möchte, daß wir nämlich über Sein Wort nachsinnen und die Ansprüche dessen erkennen, der uns geschaffen und auch errettet hat.

Unsere Sorgen und Ängste hängen so stark damit zusammen, daß wir immer festhalten wollen, was uns eigentlich gar nicht gehört. Meine Frau, meine Kinder, mein Haus – das alles gehört nicht uns selbst. Denn Christen haben alles, auch ihr Leben, bereits an Jesus abgegeben. Sie gehören nicht mehr sich selbst, sondern sind mit allem, was sie haben, ein Eigentum Gottes.

Ich habe mal einen wunderbaren Werbeslogan einer Bank gelesen. Der lautete so: „Vertrauen Sie uns Ihr Vermögen an und leben Sie einfach!" Die Bankleute wollten natürlich ihre Dienste bei der Vermögensverwaltung anbieten, weil das Ganze für reiche Leute ja kompliziert und zeitraubend ist, wenn sie ihren Besitz sichern wollen. Aber „leben Sie einfach!" – das hat mir gefallen. Übergib Gott deine Angelegenheiten – deinen Reichtum, wenn du ihn denn hast, aber gib Ihm auch deine Armut, gib Ihm deine Familie, deine Gesundheit, deine Krankheit –, laß Ihn doch alles verwalten. Und dann kannst du einfach leben, denn du bist bei Ihm sicher aufgehoben.

Möchtest du echte Lebensqualität? Oder willst du dir dein Leben kaputtmachen mit lauter Sorgen und Ängsten, die deine Nerven langsam, aber sicher ruinieren? Lebe doch lieber so, wie ein Gotteskind leben sollte: Vertraue dem Herrn und wirf alle deine Sorge auf Ihn, denn Er sorgt für dich. Jesus sagt: *„Wer seine Seele zu erhalten sucht, der wird sie verlieren, und wer sie verliert um meinetwillen, der wird ihr zum Leben verhelfen" (Lukas 17,33; Sch).*

Von Jim Elliot, einem jungen Mann, der als Missionar zu den Auca-Indianern ging und dort als Märtyrer sein Leben verlor, kennen wir die Worte: „Der ist kein Tor, der hingibt, was er nicht behalten kann, aber daß er gewinne, was er nicht verlieren kann."[10]

Ich frage einfach einmal ganz theoretisch: Wenn du schon gestorben bist, brauchst du doch den Tod nicht mehr zu fürchten, oder? Und wenn du all deinen Besitz Jesus geweiht hast, kannst du doch mit Hiob sagen: *„Der HERR hat's gegeben, der HERR hat's genommen, der Name des HERRN sei gelobt" (Hiob 1,21).* Denn wenn du Ihm alles in deinem Herzen abgegeben hast, wieviel Besitz kannst du dann noch verlieren? Keinen mehr. Darum laß einfach los und lebe! Denn das Schlimmste, was dir dann noch passieren kann, ist, daß du ums Leben kommst – was aber für Christen das beste ist, nicht wahr?

Weshalb müssen wir uns dann noch sorgen? Paulus hat gesagt: *„Ich habe Lust, aus der Welt zu scheiden und bei Christus zu sein" (Philipper 1,23).* Und auch: *„Christus ist mein Leben, und Sterben ist mein Gewinn" (Philipper 1,21).* Und aus Römer 14, Vers 8 kennen wir des Apostels Worte: *„Leben wir, so leben wir dem Herrn. Sterben wir, so sterben wir dem Herrn. Ob wir nun leben oder sterben, so sind wir des Herrn" (Sch).*

Ähnlich klingen die Worte eines unbekannten Mannes Gottes, der sagte: „Was kann dir ein Schiffbruch tun, wenn Christus der Ozean ist?" Denn ein Gotteskind kann doch immer nur in die Hände des lebendigen Gottes fallen! Übergib dein Leben und deine Sorge heute dem Herrn Jesus Christus.

---

[10] Elisabeth Elliot. Im Schatten des Allmächtigen – Aufzeichnungen des Jim Elliot. R. Brockhaus-Verlag: Wuppertal, 1958. S. 14

Gott kennen ist Leben

„Simon Petrus, Knecht und Apostel Jesu Christi, an die, welche den gleichen kostbaren Glauben wie wir empfangen haben an die Gerechtigkeit unseres Gottes und Retters Jesus Christus: Gnade und Friede werde euch mehr und mehr zuteil in der Erkenntnis Gottes und unseres Herrn Jesus! Da seine göttliche Kraft uns alles geschenkt hat, was zum Leben und zur Gottseligkeit dient, durch die Erkenntnis dessen, der uns berufen hat durch seine Herrlichkeit und Tugend."

(2. Petrus 1,1-3; Sch 2000)

Auch seinen zweiten Brief beginnt Petrus mit einem Trostwort. Er schreibt: „Ihr habt den gleichen kostbaren Glauben empfangen wie auch wir. Das ist ein großer Trost in eurer Verfolgung" (nach 2. Petrus 1,1).

Der Glaube ist kostbar

Warum ist der Glaube ein kostbarer Glaube? Zunächst, weil er selten ist. Und das, was selten ist, ist meistens kostbar. Wovon man viel bekommen kann und was einem nachgeworfen wird, ist nicht sehr teuer oder kostbar. Auch mit dem biblischen Glauben ist das so. Er wird dir nicht wie Massenware nachgeworfen, so als könntest du ihn wie Sand am Meer haben. Weil du das denkst, erscheint er dir billig, und du willst ihn deshalb auch gar nicht haben. Täusche dich aber nicht: Wahrer christlicher Glaube ist eine Kostbarkeit und damit auch eine Rarität. Paulus schreibt an die Thessalonicher: *„Der Glaube ist nicht jedermanns Ding" (2. Thessalonicher 3,2)*. Etwas formaler übersetzt kann es heißen: *„Der Glaube ist nicht aller Teil" (unrev. Elb)*. Er muß nämlich, wie Petrus sagt, empfangen werden: *„Ihr habt den gleichen kostbaren Glauben empfangen."* Er fragt im Grunde: „Habt ihr euch den Glauben erwirkt oder erarbeitet, habt ihr ihn euch verdient? Besitzt ihr ihn, weil ihr so klug und vernünftig seid? Glaubt ihr deshalb?" Nein, vielmehr sagt Petrus: *„Ihr habt ihn* ***empfangen****."* Der

Apostel Petrus benutzt hier im griechischen Grundtext das Wort „langchano". Das heißt wörtlich „durch Los erhalten haben"[11] – da bin ich hängengeblieben. Deshalb könnte man konkordant übersetzen: *„Euch ist der gleiche kostbare Glaube* ***zugeteilt worden****."* Der Glaube ist also eine Zuteilung Gottes. Glaube ist für uns Menschen nicht so eine Art freie Verfügungsmasse, über die wir selber bestimmen können, ob wir diesen Glauben haben oder ob wir ihn nicht haben wollen. Das hätten wir gerne als sogenannte selbstbestimmte Menschen. Aber der Apostel tröstet seine versprengten Leser, die in Trübsal befindlichen Gotteskinder, und sagt: „Denkt einmal darüber nach, was ihr für einen Glauben empfangen habt. Es ist ein kostbarer Glaube. Und dieser kostbare Glaube ist euch vom Himmel her zugeteilt worden. Das ist euer Erbe, euer Reichtum, das ist euer Schatz. Ihr seid nicht arm."

Schon in Psalm 16, Vers 6 sagt der Psalmist: *„Das Los ist mir gefallen aufs Liebliche; mir ist ein schönes Erbteil geworden" (LÜ 1912).* Hier haben wir sie wieder, die beiden parallel laufenden biblischen Wahrheiten. Ich will nicht müde werden, das immer wieder zu erklären, weil das für die Gesundheit unseres Glaubens wirklich wesentlich ist. Die eine Wahrheit bezüglich des Glaubens ist diese: Jeder Mensch ist verpflichtet, seinem Schöpfer und Erlöser zu glauben und Ihm zu vertrauen. Und deswegen sagt die Bibel: Unglaube ist eine schwere Sünde und eine Übertretung des Gebotes Gottes (vgl. Johannes 16,9). Der Mensch ist also voll verantwortlich, was Glauben oder Nichtglauben betrifft. Die andere Wahrheit in bezug auf das Thema Glauben lautet: Durch den Sündenfall ist der Mensch geistlich so verarmt, daß er unfähig ist, auch nur den Wunsch zum Glauben zu haben. Er vernimmt als natürlicher Mensch

---

[11] Dieses Wort kommt im Neuen Testament nur in Lukas 1,9; Johannes 19,24; Apostelgeschichte 1,7 und 2. Petrus 1,1 vor. An den ersten drei Stellen ist ganz offensichtlich von Zuteilen durch das Los die Rede.

nichts von geistlichen Dingen (1. Korinther 2,14). Er ist tot für sie (vgl. Epheser 2,1). Darum muß Gott von oben eingreifen und durch Seine souveräne Gnade einem Menschen geistliches Leben geben, ihm Glauben zuteilen, wie Petrus es hier so klar und deutlich ausdrückt.

Diese Wahrheit von der souveränen Gnade ist es, die einem Menschen den Glauben schließlich auch so kostbar macht. Dieser Glaube wird nicht von uns erwirkt, weil wir irgendeine Voraussetzung erfüllen, sondern weil Gott in Seiner absoluten Freiheit gesagt hat: *„Wem ich gnädig bin, dem bin ich gnädig; und wessen ich mich erbarme, dessen erbarme ich mich" (Römer 9,15).* Und daß jemand glaubt, geht nicht auf ihn zurück, sondern es ist eine Zuteilung Gottes nach dem Wohlgefallen Seines Willens. Dem, der das versteht, wird der Glaube, den er haben darf, äußerst kostbar. Er glaubt nicht, weil er will, sondern er glaubt, weil er darf – und dann will er auch. Halleluja. Ich darf glauben! Womit habe ich das verdient? Millionen von Menschen laufen wie blind durch diese Welt. Sie glauben dies und das, an Zauberei und Okkultismus, an Horoskope und an Geld. Die Welt ist voll von Allerweltsglauben. Aber du und ich, wir dürfen den einen kostbaren Glauben haben, den herrlichen Glauben, der von Gott kommt. Wir dürfen ihn haben durch Seine Gunst und Gnade.

Ich werde nie vergessen, wie mir das persönlich deutlich wurde. In den ersten Jahren meines Glaubenslebens hatte ich immer die Meinung: Ich bin Christ, weil ich von mir selbst aus glaubte und ich mich so gut für Gott entschieden hatte. Allerdings änderte sich meine Theologie jedes Mal, wenn ich betete. Dann hieß es schon damals immer: „Herr, ich danke Dir, daß ich mich für Dich entscheiden durfte. Ich danke Dir, daß ich glauben darf. Ich danke Dir, daß Du mir auch das Wollen, Dir zu folgen, gegeben hast." Leider fiel mir dieser Unterschied erst nach vielen Jahren auf. Da merkte ich nämlich, daß ich beim Beten die richtige Theologie hatte, beim intellektuellen Reden jedoch die falsche. Da fiel ich auf mein Angesicht und habe geweint, fast ohne Ende. So hat mich die Botschaft, daß mein Glaube nicht von mir kam, sondern ein Geschenk der Güte und Barmherzigkeit Gottes ist, gedemütigt. Mir wurde diese Wahrheit so kostbar und herrlich, daß ich am liebsten alles dafür gegeben hätte. Und wir wissen, daß Petrus am Ende sogar sein Leben gegeben hat, weil er diesen Glauben für kostbarer hielt als seine ganze Existenz. So ist dieser Glaube für Gotteskinder ihr Reichtum, ihre Perle, ihr Segen, ihre Hoffnung, ihre Zuversicht und letzten Endes auch ihre psychische Gesundheit.

Der gemeinsame Glaube

Nun sagt Petrus, daß dieser Glaube auch ein „gemeinsamer" Glaube ist. Er sagt nicht nur: *„Ihr habt den kostbaren Glauben empfangen"*, sondern er sagt: *„Ihr habt den **gleichen** kostbaren Glauben empfangen."* Auch darin liegt eine Botschaft. Es gibt nur einen Glauben. Es gibt nur einen christlichen Glauben, nicht zwei oder drei oder noch mehr verschiedene Variationen davon. *„Ein Herr, **ein Glaube**, eine Taufe" (Epheser 4,5).* Darauf zielt der Apostel ab, wenn er seinen in Not befindlichen Glaubensgeschwistern diesen Brief schreibt. Das biblische Christentum hat einen normativen, d.h. maßgeblichen, verbindlichen Glaubensinhalt, den Gott der Gemeinde durch die Apostel anvertraut hat. Sonst hätte zum Beispiel der Apostel Judas nicht schreiben können: *„... daß ihr für den Glauben kämpft" (Judas 3).* Wie kann ich für einen Glauben kämpfen, den ich nicht genau definieren kann, von dem ich nicht genau weiß, was er ist? Vielleicht ist er dies, vielleicht ist er das und vielleicht auch das andere noch. Nein, Petrus sagt: „Es ist ein Glaube." Es ist der gleiche Glaube, der durch alle Jahrhunderte und alle Generationen hindurch in den Herzen der Gotteskinder war, nämlich der, der ihnen von Gott zugeteilt worden ist – und kein anderer.

Es ist der gleiche Glaube, wegen dem Judas die Gemeinde ermahnt, *„daß ihr für den Glauben kämpft, der ein für allemal den Heiligen überliefert ist" (Judas 3).* Dieser Glaube ist in Gottes Heiliger Schrift verfaßt. Durch sie dürfen wir teilhaben an dem einen Glauben, der beispielsweise schon in der Mutter und Großmutter des Timotheus gewesen ist. Wir haben den gemeinsamen Glauben mit den Aposteln und Propheten, worin Christus der Eckstein ist (vgl. Epheser 2,20).

Dieser gemeinsame Glaube macht auch keinen Unterschied. Egal, wer du bist, ob reich oder arm, ob gebildet oder ungebildet – es gibt kein Ansehen der Person. Dieser gleiche gemeinsame Glaube hebt alle Unterschiede auf. *„Ihr seid alle durch den Glauben Gottes Kinder in Christus Jesus. Hier ist nicht Jude noch Grieche, hier ist nicht Sklave noch Freier, hier ist nicht Mann noch Frau; denn ihr seid allesamt einer in Christus Jesus" (Galater 3,26+28).* Unsere Welt leidet an der Spaltung der Menschheit, an der Spaltung von Kulturen und Rassen. Die Bibel gibt eine wunderbare Antwort. In der Gemeinde der Wiedergeborenen gibt es keinen Rassismus mehr. Das soll die Welt hören. Wir wollen für unsere Politiker beten, die wirklich aufrichtigen Herzens daran arbeiten, daß wir als Menschen keine Unterschiede mehr zwischen den Rassen und Farben und Kulturen machen. Nein, solche Unterschiede wollen wir und sie nicht. Aber den Weg dorthin kennen sie nicht. Der Weg zum Frieden unter den Völkern und Nationen heißt: Jesus Christus. Er wird kommen als der Friedefürst. Er wird ein Reich aufrichten, dessen Friede kein Ende haben wird. Nach diesem Reich sehnt sich die Menschheit, wo die Schwerter zu Pflugscharen werden, wo kein Krieg mehr sein wird, und wo der Rassismus für immer verschwunden sein wird. Den Weg zu diesem Ziel hat der Herr uns in Seinem Wort beschrieben: Das ist der eine, gemeinsame, gleiche, kostbare Glaube, der die Menschen versöhnt. So sind wir als Kinder Gottes unter dem Zeichen des Kreuzes trotz unterschiedlichster Herkunft eins in Christus.

Gotteserkenntnis bringt höchste Lebenserfüllung

Im ersten Vers des zweiten Petrusbriefes ging es zentral um den Glauben, in Vers 2 und 3 geht es nun um die Erkenntnis. Seinen Gott zu erkennen ist das Höchste, was einem Menschen widerfahren kann. Petrus schreibt: *„Gnade und Friede werde euch mehr und mehr zuteil in der Erkenntnis Gottes und unseres Herrn Jesus Christus" (Sch 2000).* Wozu ist der Mensch eigentlich geschaffen? Die Bibel erklärt: Um Gott zu erkennen. Wir sollen darin unser höchstes Glück finden, den zu erkennen, der uns gemacht hat und der uns das Leben gegeben hat. Viele meinen, das eigentliche Studienobjekt sei der Mensch, er sei der Dreh- und Angelpunkt. Deswegen ist man an Gotteserkenntnis nicht mehr interessiert. Man möchte nur Menschenerkenntnis haben. Aber nach Gottes Wort ist das entscheidende Studienobjekt der Herr selbst, die Erforschung Seiner Natur, Seines heiligen Wesens, Seines Charakters, Seiner Werke, Seines Heils, Seiner Verheißungen, Seiner Zukunftsentwürfe. Das sollte unsere höchste Wissenschaft sein. Sein Heil zu ergründen, sollte unsere erhabenste Mühe sein. Warum? Augustin sagte: „Du hast uns zu Dir erschaffen, und ruhelos ist unser Herz, bis es Ruhe findet in Dir."[12]

Ich möchte das an einem Beispiel illustrieren: Eine junge Frau hatte ihren Vater nie gekannt, auch nicht, als sie Kind war. Aber man erzählte ihr davon, daß sie ja doch einen Vater habe und er auch irgendwo lebe. Aber keiner wußte, wo. Eines Tages läßt sie alles stehen und liegen und macht sich auf den Weg und sucht ihren Vater. Warum? In ihrem Herzen schlägt ein Verlangen: „Ich möchte wissen, wer mein Vater ist." Wieviel Tränen der Freude und der Über-

---

[12] Aurelius Augustinus. Confessiones I 1

wältigung gibt es, wenn die zwei sich dann treffen, wieviel Küsse, wieviel Umarmung. Wir finden eine solche Geschichte auch in der Bibel (Lukas 15,11-32). Der verlorene Sohn, der auch einen Vater hat und der sagt: „Ich muß ihn finden, ich muß nach Hause." Auch wenn die Erkenntnis über deinen Schöpfer verschüttet, verworfen oder verdeckt ist, ja, wenn du sogar die Frage stellst, ob es Ihn überhaupt gibt, ist aber auch in deinem Herzen diese Sehnsucht vorhanden, Gott kennenzulernen, von dem du kommst.

Deshalb: Halte Ausschau nach deinem Retter. Denn es ist etwas Wunderbares, Gott zu erkennen, Jesus Christus zu kennen, der dich am Kreuz von Golgatha erlöst hat und der dir Tag für Tag Seine Segnungen schenkt. Oh, welch einen wunderbaren Erlöser haben wir! Dann kannst du mit Paulus sagen: *„Ihn möchte ich erkennen und die Kraft seiner Auferstehung und die Gemeinschaft seiner Leiden" (Philipper 3,10).* Vorher bekennt er in Philipper 3, Vers 8: *„Ja, ich erachte es noch alles für Schaden gegenüber der überschwenglichen Erkenntnis Christi Jesu, meines Herrn. Um seinetwillen ist mir das alles ein Schaden geworden, und ich erachte es für Dreck, damit ich Christus gewinne."* Er fand also tiefste Beglückung und Frieden für seine Seele in der Erforschung Christi und Seines geistlichen Reichtums. Sein früheres Leben mit seinen vergänglichen Inhalten hielt er für Dreck. Durch die Erkenntnis Gottes und Christi fand er tiefsten Sinn für sein Leben.

Wenn auch du einmal erkannt hast, daß die Hauptaufgabe deines Hierseins auf der Welt die Gotteserkenntnis ist, kommen die meisten Probleme deines Lebens von selbst in Ordnung. Das krankhafte Gefühl der Sinnlosigkeit zum Beispiel, das bei vielen Menschen Depressionen auslöst, weil die Sinnfrage nicht geklärt ist – es verschwindet, wenn dein Leben dieses große Ziel der Gotteserkenntnis hat. Wenn du anfängst, dein Leben nicht mehr in erster Linie auf dich selbst und auf das Vergängliche zu beziehen, sondern auf den lebendigen Gott, wird dein Leben lebenswert. Auf einmal wird dein Koordinatensystem verschoben. Das, was dir heute so wichtig ist – z.B. Auto, Investmentfond, Gesundheit, Freunde –, tritt an den Rand. Dafür haben wir ein ganz neues Interesse an dem lebendigen, dreieinigen Gott selber, an Seinen ewigen Ratschlüssen, an Seiner Allmacht, Allwissenheit, Liebe, an Seiner Güte und Gerechtigkeit, an dem Leiden, Sterben und Auferstehen unseres Herrn Jesus Christus. Ihn zu ergründen und zu erforschen, Ihn zu erkennen, das macht Sinn im Leben. Das gibt uns Lebensqualität. Deshalb: Laß den Mittelpunkt deiner Existenz Jesus sein.

Als Jakob am Jabbok mit Gott gerungen hatte, sagte er folgenden berühmten Satz: *„Ich habe Gott von Angesicht gesehen, und meine Seele ist genesen" (1. Mose 32,30*[13]*; LÜ 1912).* Bist du auch psychisch kaputt, voller Ängste, voller Kummer, voller Sorgen für morgen und übermorgen? Drückt dich die Sünde, macht sie dich kaputt? Ich kann dir nur eins sagen: Begegne deinem Gott! Erkenne deinen Gott. Schau Ihm ins Angesicht – durch diesen gleichen, kostbaren Glauben, durch Jesus Christus – und deine Seele wird genesen.

Gotteserkenntnis gibt Kraft zum Leben

Es ist Gottes Kraft, die wir zum täglichen Leben und auch zum geistlichen Leben brauchen. Wie wird uns diese vermittelt? Durch die Erkenntnis dessen, der uns berufen hat, sagt der Apostel. Jesus betet im hohenpriesterlichen Gebet: *„Das ist aber das ewige Leben, daß sie dich, den allein wahren Gott, und den du gesandt hast, Jesus Christus, erkennen" (Johannes 17,3; Elb).* Das ist das ewige Leben. Gott kennen ist die Kraft auch zur täglichen Lebensbewältigung. Aber mit Erkenntnis ist nicht Anhäufung von theoretischem Wissen gemeint. Es gibt Menschen, die ge-

[13] Dies ist nach der Zählung der Lutherübersetzung von 1912 Vers 31.

nauestens über alle Lehren der Bibel Bescheid wissen. Sie haben eine genaue Vorstellung davon, wie Taufe zu sein hat und wie der Ablauf der letzten Dinge, bis Jesus wiederkommt, stattfinden wird. Aber von dieser Erkenntnis spricht der Apostel nicht. Deshalb meine Frage: Was ist das Wesen von biblischer Erkenntnis? Gotteserkenntnis ist nicht Wissen über Gott und Theologie, intellektuelle Ansammlung von Informationen, sondern beschreibt eine Beziehung.

Ein Pferd war durchgegangen, und niemand konnte es beruhigen und einfangen. Schließlich kam jemand hinzu, der sagte: „Laßt mich, ich kenne das Pferd!" Und tatsächlich war das Roß in einem Augenblick beruhigt. Woher kannte dieser Mann das Pferd? Durch Bücher? Nein, durch eine Beziehung. Auch bei uns Menschen ist das ganz ähnlich. Ich kenne eine ganze Menge Leute – viele nur äußerlich, manche ganz gut. Auch hier macht die Beziehung den Unterschied. Oder: Wir können uns z.B. über einen großen Sportler eine Menge Wissen anlesen – aber ein echtes Kennen kommt dadurch nicht zustande. Das ändert sich auch nicht dadurch, daß man wie unzählig viele andere Leute auch ein Autogramm von ihm erhält. Will ich ihn wirklich kennenlernen, muß ich eine echte Beziehung zu ihm aufbauen. Aber wie ist das möglich? Letztlich nur, wenn von ihm die Initiative ausgeht.

So ist es auch bei Gott. Abraham hat seinen Ohren nicht getraut, als er auf einmal *„Freund Gottes" (Jakobus 2,23)* genannt wurde. Gott, der allmächtige Schöpfer, läßt sich herab und nennt einen Menschen seinen „Freund". So wird deutlich, daß auch in der Errettung die Initiative von Gott ausgeht. Deswegen kann Paulus schreiben: *„Wenn aber jemand Gott liebt, der ist von ihm [Gott] erkannt" (1. Korinther 8,3). „Nachdem ihr aber Gott erkannt habt, ja vielmehr von ihm erkannt seid" (Galater 4,9).* So bekennen wir mit Petrus: *„Seine göttliche Kraft hat uns alles geschenkt, was zum Leben und zur Gottseligkeit dient"* – wodurch? –

„durch die Erkenntnis dessen, der uns berufen hat" (Sch 2000). Darum: Kenne deinen Gott und wachse in der Erkenntnis, so wirst du ein begnadeter Mensch, ein Mensch mit einem erfüllten Leben sein. Du kennst den lebendigen Gott durch Seine herablassende Gnade. Deshalb ist das Beste im Leben die Erkenntnis Gottes und Seines Sohnes Jesus Christus. *„Ein Weiser rühme sich nicht seiner Weisheit, ein Starker rühme sich nicht seiner Stärke, ein Reicher rühme sich nicht seines Reichtums. Sondern wer sich rühmen will, der rühme sich dessen, daß er klug sei und mich kenne" (Jeremia 9,22-23).*

Vergiß nicht, daß du Christ bist

„Wem dagegen diese Dinge fehlen, der ist im Dunkel und kurzsichtig und hat die Reinigung von seinen früheren Sünden vergessen. Darum, meine Brüder, seid umso eifriger bestrebt, eure Berufung und Erwählung fest zu machen."

(2. Petrus 1,9-10; lies 3-11; Sch 2000)

Wir wollen uns jetzt zwei Verse aus dem 2. Petrusbrief, über die manchmal viel Unklarheit herrscht, etwas näher anschauen, und ich möchte versuchen, ein wenig Licht hineinzubringen.

Was darf einem Christen nicht fehlen?

Es gibt Dinge, die einem Christen nicht fehlen dürfen. Diese Dinge sind in den Versen zuvor aufgelistet: Wir dürfen im Glauben stehen; aus diesem Glauben gehen Tugenden hervor, und aus diesen Tugenden kommt Erkenntnis; die Erkenntnis Gottes und Christi wiederum wächst, so daß dann auch Selbstbeherrschung, Standhaftigkeit, Gottseligkeit wie auch Bruderliebe und letzten Endes die Liebe zu allen Menschen hervortritt (2. Petrus 1,5-7). Diese Dinge dürfen nicht fehlen, denn das sind nicht Wesensmerkmale eines Ungläubigen oder eines Gottlosen, sondern die eines echten Christen. Ein wiedergeborener Mensch hat, wie wir ein paar Verse zuvor erfahren haben, Anteil an der Natur Christi. Dadurch, daß wir von neuem geboren sind, ist uns die Wesensart Gottes, der Charakter Christi zuteil geworden. Uns sind Gottes kostbare Verheißungen gegeben, damit wir durch sie göttlicher Natur teilhaftig werden.

Was ist, wenn diese Dinge fehlen?

Wenn einem Christen diese Dinge aber fehlen, dann ist er *„blind"* und tappt noch *„im Dunkel"* – andere Übersetzungen sagen sogar, er ist *„kurzsichtig" (Elb)* – und *„hat die Reinigung von seinen früheren Sünden vergessen"*. Das heißt: Er hat seine Wiedergeburt vergessen, seine Bekehrung vergessen. Er hat eigentlich vergessen, daß er Christ ist. Er hat vergessen, daß er einmal zu Jesus gekommen war, in dem er doch gereinigt wurde von seinem früheren Leben und der damit verbundenen Sündhaftigkeit. Er hat vergessen, daß er rein geworden ist von den früheren Sünden. Daß er umgewandelt worden ist, hat er ebenso vergessen. Wer diese Tugenden des Glaubens nicht hat, hat das alles vergessen. Sonst würde er nämlich diese Tugenden Gottes – z.B. Selbstbeherrschung, Standhaftigkeit, Liebe und auch freudigen Glauben – ausleben. Aber er hat vergessen, daß er ein Christ ist.

Deshalb die Frage: Wie ist es bei dir? Wie lebst du? Zeigt dein Leben, daß du dir bewußt bist, daß du einmal gereinigt worden bist von deiner früheren Lebensart? Ist dir klar, wes Geistes Kind du bist? Oder hast du die Reinigung deiner früheren Sünden vergessen? Und wenn du es vergessen hast, dann ist zwischen deinem Lebenswandel und dem Lebenswandel eines ungläubigen Menschen kein Unterschied – und das wäre tragisch.

Das Bekennen der Sünden

Manche deuten dieses Schriftwort so, als wollte Petrus sagen, daß diese Christen noch nicht komplett und vollzählig alle ihre früheren Sündentaten aufgelistet und namentlich bekannt gemacht und aufgearbeitet hätten. Dazu muß ich sagen: Es ist recht, daß du dem Herrn Jesus Christus deine Sünden bekennst und möglicherweise auch einem Seelsorger, möglicherweise auch deiner Mutter und deinem Vater oder auch deinem Kind oder deiner Frau oder deinem Mann. Das Bekennen von Sünden hat eine große Verheißung. Es ist ein starker Segen für diejenigen, die es tun.

Da kommt auch der Aspekt der Wiedergutmachung mit hinein. Wir kennen die Geschichte von dem Zöllner Zachäus, als Jesus Seinen Geist der Liebe und der Vergebung hineinbrachte und sagte: *„Heute ist diesem Hause Heil widerfahren“ (Lukas 19,9).* Da kann Zachäus nicht an sich halten und sagt: *„Siehe, Herr, die Hälfte von meinem Besitz gebe ich den Armen und wenn ich jemand betrogen habe, so gebe ich es vierfach zurück“ (Lukas 19,8).* Freunde, da ist etwas dran, die mißratenen und kaputten Dinge im Leben wieder in Ordnung zu bringen. Wenn du deine Frau betrogen hast – hör auf damit! Sprich darüber. Wenn du jemand übervorteilt hast, ruf ihn an. Sag, daß der Handel nicht gilt, daß der Versicherungsvertrag annulliert wird. Es gefällt Gott wohl, wenn du zu deinen früheren Sünden stehst, um Verzeihung bittest und sie – sofern möglich – wiedergutmachst.

Aber nun gibt es leider auch christliche Lehrer, die behaupten, man dürfe nun aber auch keine einzige und auch nicht die kleinste Sünde vergessen. Unser Sündenbekenntnis müsse absolut lückenlos und wasserdicht sein, sonst würden wir nicht selig, sonst könne das Wohlgefallen Gottes nicht auf uns ruhen. Das klingt wieder so sehr nach Werken. Ich sage einfach: Wir werden nicht durch ein perfektes Sündenbekenntnis errettet, sondern durch die Gnade Jesu Christi und durch Sein vergossenes Blut. Das ist ein ganz großer Unterschied. Wir merken, wie leicht man von dieser wunderbaren und herrlichen Gnadenlehre des Evangeliums wieder abkommen kann. Auf einmal glaubt man: Durch das Werk lückenlosen Bekennens und Aufarbeitens bringe ich mich in den Stand, mit dem ich vor Gott bestehen kann. Das ist ein Irrtum. Natürlich, Gotteskinder sind immer noch mit Schwachheiten und Anfechtungen von seiten des Bösen behaftet. Aber das bedeutet nicht, daß du dich dein Leben lang selbst bis zum Exzeß ausspionieren sollst, um Sünden ans Licht zu bringen oder durch Propheten ans Licht bringen zu lassen, von denen du gar nichts weißt. Manche meinen sogar, man könne auch im vorgeburtlichen Stadium schon gesündigt haben und müsse das aufarbeiten. Aber das ist eine Geißel. Menschen gehen dabei kaputt, und Christen finden sich im Extremfall in der Psychiatrie wieder. Nein, so verstehe ich das Evangelium nicht. Vielmehr glaube ich, daß die Vergebung und Annahme bei Gott in der Gnade unseres Heilandes ruht. Es wäre also ein Fehlverständnis, diesen Text so auszulegen. Denn wer kann die Menge seiner Sünden erfassen? Ihrer sind so viele wie Sand am Meer, so daß sie niemand zählen kann. Eine solche Idee hat etwas mit Selbstkasteiung zu tun, aber nicht mit dem Evangelium. Das sagt: *„Das Blut Jesu, seines Sohnes, macht uns rein von* ***aller*** *Sünde" (1. Johannes 1,7)* – nicht von allen aufgezählten Sünden, nicht von allen aufgeschriebenen Sünden. Die Bibel sagt: *„Denn wer kann merken, wie oft er fehlet? Verzeihe mir die verborgenen Sünden!" (Psalm 19,13).*

Häufig merken wir nicht einmal, wann und wie oft wir sündigen. Denn Sünde beginnt nicht erst bei den Taten, sondern in unseren Gedanken. Es geht also auch um unsern Stolz, unsere Eifersucht, unsern Neid, unsere Gier. Aber – gelobt sei der Name des Herrn! – wir dürfen Jesus ganz einfach unsere Sünden bekennen – die bekannten und die unbekannten. Nenne sie konkret, wenn der Heilige Geist dich erinnert, aber sage auch: „Herr, Du weißt, es sind so viele Dinge, von denen ich nichts weiß, die ich nicht einmal gemerkt habe. Ich bringe sie Dir alle. Vergib mir auch meine verborgene Schuld." Und dann fange nicht an, in deinem Leben Detektiv zu spielen, sondern danke dem Herrn, daß Er dir vergeben hat. So darfst du zur Ruhe kommen. *„Wenn wir aber unsere Sünden bekennen, so ist er treu und gerecht, daß er uns die Sünden vergibt und reinigt uns von aller Ungerechtigkeit" (1. Johannes 1,9).*

Christen sind durch die Gnade Gottes grundsätzlich in den Stand eines Gerechten vor Gott versetzt worden, unabhängig von ihrem Auf und Ab des Sündigens. Ein Beispiel: Du hast ein kleines Kind, du liebst es. Es ist artig, und es ist unartig, manchmal auch richtig kräftig unartig. Ändert sich dadurch etwas daran, daß es dein Kind ist? Nein! So sind wir durch das Blut Jesu Christi in den Stand der Gnade gebracht worden. Gott hat uns als Seine Kinder gerecht erklärt. Ja, sogar wenn wir sündigen, sind wir Gerechte. Ich habe nicht gesagt: Wenn wir sündigen, tun wir Recht. Nein, wenn wir sündigen, tun wir Unrecht. Aber wenn Christen sündigen, sind und bleiben sie dennoch Gerechte, dennoch Kinder Gottes. Denn unser ganzes Leben ist eingehüllt in das Blut Jesu Christi. Die Frage unserer vergangenen und zukünftigen Sünden ist durch den Gnadenstand der Gerechtigkeit absolut geklärt. Ich weiß, daß ich in Zukunft auch noch sündigen werde – Gott möge mir helfen, daß es immer weniger wird. So ist mein Zustand immer wieder sündig, und doch ändert das nichts an meinem Gnadenstand in Christus.

Deshalb können wir mit Paulus dem Herrn Lob und Dank bringen: *„Wer will die Auserwählten Gottes beschuldigen? Gott ist hier, der gerecht macht" (Römer 8,33).* Das ist die Gnade! Bekenne deine Sünden! Aber fang nicht an, dich zu verrenken und dich selbst auszuspionieren und alles aufzuarbeiten. Du schaffst es nicht. Nur Einer wird fertig mit der Masse deiner Schuld, und das ist Jesus Christus, der sie alle ans Kreuz von Golgatha genommen hat. Dort können wir zur Ruhe kommen.

Petrus spricht also davon, daß wir vergessen haben, daß wir grundsätzlich gereinigt sind. Als wir zu Jesus kamen, sind wir gereinigt worden. In Titus 2, Vers 14 heißt es: Der Herr *„reinigte sich selbst ein Volk zum Eigentum, das eifrig wäre zu guten Werken"*. Diese und ähnliche Worte bezeichnen eigentlich nichts anderes als unsere Wiedergeburt, unsere Bekehrung, unsere Umwandlung von unserem alten Leben in das neue Leben mit Gott. Wenn du das aber vergißt, kannst du nicht das heilige Leben haben, von dem Petrus schreibt: Bruderliebe, Selbstbeherrschung, Geduld,

Treue, Gehorsam usw. Deshalb die Frage: Bist du gereinigt von deinen früheren Sünden? Nein? Dann kehre heute um und bitte Jesus um Vergebung und um ein neues Leben. Aber wenn du gereinigt bist, erinnere dich wieder. Denke daran, wer du bist! Dann lebe ganz neu ein Leben im Gehorsam Gott gegenüber.

Sei deines Heils gewiß

Im nächsten Vers führt Petrus diesen Gedanken weiter: *„Darum, meine Brüder, seid umso eifriger bestrebt, eure Berufung und Erwählung fest zu machen" (2. Petrus 1,10; Sch 2000).* Im Zusammenhang mit den vorangehenden Versen erschließt sich uns die Bedeutung des Textes ganz klar: „Vergeßt nicht die Reinigung eures Lebens, die ihr bei eurer Errettung durch das Blut Jesu erfahren habt. Vergeßt also nicht eure Berufung. Vergeßt nicht eure Erwählung, sondern macht sie vielmehr fest." Weil viele Christen eine diffuse Vorstellung von Erwählung haben, deuten sie die Stelle so, als ob ihre Erwählung von Gott her nur eine Option wäre, nur eine Möglichkeit, eine Art bedingte Erwählung, die nur Wirklichkeit würde, wenn sie von unserer Seite durch rechtes Verhalten auch eingelöst würde. Das hieße: Ob wir erwählt sind, bestimmen wir letztendlich selbst und zwar dadurch, ob wir uns die Erwählung auch „abholen". Deshalb sollten wir uns eifrig bemühen – so diese Lehre weiter –, uns die in Aussicht gestellte Erwählung auch zu sichern, denn sonst würden wir sie nicht erlangen. Das ist aber keine korrekte Auslegung des Textes, auch wenn sie leider häufig anzutreffen ist. Eine solche Interpretation ist dem gesamten Evangelium zuwider. Die Bibel lehrt nicht: „Ihr habt mich erwählt", sondern: *„Ich habe euch erwählt" (Johannes 15,16).* Wer ist der Erwählende? Jesus. Er erwählt, wen Er will. *„Wem ich gnädig bin, dem bin ich gnädig, und wessen ich mich erbarme, dessen erbarme ich mich" (Römer 9,15).* Das heißt, der Herr erwählt nicht aus Verdienst, sondern aus freier Gnade (vgl. Römer 9,11-12). Und wen Er beruft und erwählt, den erhält Er und bewahrt Er zum ewigen Leben. *„Denn Gottes Gaben und Berufung können ihn nicht gereuen" (Römer 11,29).* Was Er einmal gesagt, getan, beschlossen und gewollt hat, bleibt bestehen. Denn es heißt nicht: „Der das gute Werk in euch angefangen hat, der hat es euch übergeben, damit ihr es auch vollendet." Nein! Er hat gesagt: *„Der in euch angefangen hat das gute Werk, der wird's auch vollenden" (Philipper 1,6).* Wir müssen niemals in dem Sinne unsere Erwählung und Berufung festmachen, daß wir sie sonst nicht erlangen oder verlieren. Nein, sie ist auf ewig von Gott selbst festgemacht und gesichert. Meine und deine Erwählung ruht deshalb nicht in dir und nicht in mir – wie unsicher wäre sie dann! Wie unruhig müßte ich sein, denn ich kann sie nicht garantieren. Aber Preis dem Herrn! Sie ruht in dem ewigen Ratschluß Gottes. *„Denn in ihm hat er uns erwählt, ehe der Welt Grund gelegt war ..., in seiner Liebe hat er uns dazu vorherbestimmt, seine Kinder zu sein durch Jesus Christus nach dem Wohlgefallen seines Willens, zum Lob seiner herrlichen Gnade" (Epheser 1,4-6). „... daß sich vor Gott kein Fleisch rühme" (1. Korinther 1,29; unrev. Elb).*

Aber was meint Petrus, wenn er davon spricht, daß wir unsere Berufung und Erwählung festmachen sollen? Wieso sollen wir sie festmachen, wenn Gott selbst sie schon festgemacht hat?

Unsere Berufung und Erwählung bestätigen

Das griechische Wort, das Petrus hier benutzt, heißt „bebaioo". Das kann verschiedene Bedeutungen haben: „festmachen", „befestigen", „bekräftigen", „bestätigen", „beglaubigen", „ausfüllen", „ausführen", aber auch „sich einer Sache versichern", „sich in einer Sache bestärkt fühlen". Und wenn ich mir diesen Querschnitt von Übersetzungsmöglichkeiten anschaue, dazu die gesamte Gnadenlehre des

Evangeliums berücksichtige und dann noch den Textzusammenhang nicht vergesse, fällt es schwer, unter „Erwählung festmachen“ zu verstehen, daß ich sie mir selbst sichern, selbst erringen sollte. Petrus geht es vielmehr darum, durch die gelebte Heiligkeit, von der er in den Versen vorher gesprochen hatte, die Berufung und Erwählung, die Gott selbst für Seine Kinder vor ewigen Zeiten festgemacht hat, durch ihr Leben zu bestätigen, zu beglaubigen.

Ich möchte das gern illustrieren: Durch die Birnen, die ein Baum trägt, bestätigt er, daß er ein Birnbaum ist. Aber es wäre lächerlich, wenn ich sagen würde: Durch Birnen muß der Baum erst dafür sorgen, daß er ein Birnbaum wird. Nein, durch Festsetzung des Schöpfers ist er ein Birnbaum – und darum trägt er Birnen. Durch die Frucht, die er trägt, füllt er aus, wozu er gesetzt ist. Petrus fordert uns also auf, unsere Berufung und Erwählung auszuleben, so daß die Wesensart Christi an uns erkennbar wird. Darum sagt er: „Ihr seid berufen und auserwählt, ihr seid Christen. Vergeßt nicht, daß ihr gereinigt seid, daß ihr Anteil an der göttlichen Natur habt. Laßt erkennen, daß ihr Christen seid, und lebt so eurer Berufung und Erwählung würdig.“

Selbst erkennen, ob unsere Berufung echt ist

Wir erinnern uns, daß das Wort „bebaioo“ auch mit „sich einer Sache versichern“, „sich selbst vergewissern“ wiedergegeben werden kann. Viele Menschen in Kirchen und Gemeinden haben Zweifel, ob sie denn auch wirklich Christen sind. Auch zu mir kommen oft Gotteskinder mit dieser Frage. Sie haben wirklich Sehnsucht nach Jesus, Hunger nach der Gerechtigkeit Gottes. Sonst würden sie solche Fragen gar nicht stellen. Sie sagen: „Bruder Wegert, ich habe solche Zweifel: Bin ich denn wirklich ein Gotteskind? Bei mir ist dies und das noch alles nicht in Ordnung.“ So merke ich, daß unseren Glaubensgeschwistern etwas fehlt – eine Gewißheit, eine Selbstversicherung. Aber Petrus sagt: „Ihr braucht als Christen nicht in diesem Zustand der Unsicherheit leben. Die Zweifel können überwunden werden." Deshalb fordert Petrus uns auf, daß wir uns unserer Berufung und Erwählung selbst vergewissern sollen, daß wir wirklich Gotteskinder sind. Jesus hat ganz klar gesagt: *„An ihren Früchten werdet ihr sie erkennen. Liest man etwa von Dornen Trauben und von Disteln Feigen?" (Matthäus 7,16; Elb).* Aber wenn du eine Weinrebe bist, kannst du dadurch, daß du Trauben trägst, auch sicher sein, daß du wirklich eine Rebe bist. Denn Glaube ist lebendig und nicht abstrakt, er hat Folgen, er trägt Früchte. Aber *„Glaube ohne Werke [ist] tot" (Jakobus 2,26)*, er besteht nur aus Lippenbekenntnissen. Aber der Glaube, der vom Herrn kommt, ist lebendig und hat Leben, so wie die Rebe Leben hat. Daran kannst du es auch selbst erkennen: Bringe ich Frucht? Mache ich Fortschritte? Liebe ich Jesus? Habe ich die Gesinnung des Geistes, die die Sünde haßt (vgl. Römer 8,6)?

Manche stellen dann gleich die Frage: „Ja, aber ich bin doch noch nicht vollkommen. Bin ich deshalb vielleicht doch kein Auserwählter?" Ich kann nur sagen: „Ich bin auch noch nicht vollkommen." Und Paulus sagt: *„Nicht, daß ich's schon ergriffen habe oder schon vollkommen sei; ich jage ihm aber nach, ob ich's wohl ergreifen könnte, weil ich von Christus Jesus ergriffen bin" (Philipper 3,12).* Der Punkt ist der: Paulus hatte Sehnsucht nach Vollkommenheit, nach Heiligkeit. Er hatte Verlangen nach der Wesensart Christi. Hast du diesen Hunger und diesen Durst nach Gerechtigkeit? Du sagst: „Ja, ich habe ihn." Dann sage ich dir: „Du bist einer von Gottes Auserwählten und von Gottes Berufenen!" Du erwiderst: „Aber der Hunger ist nicht immer gleich. Ich bin manchmal auch so unartig wie das Kind, von dem du sprachst." Ja, das ist doch klar. Aber deswegen bleibst du doch ein Kind. Du kommst doch immer wieder wie das Kind zur Mama. Das ist die Frage einer Beziehung.

Der Unterschied zwischen einem Christen und Nicht-Christen ist der: Der eine sündigt und liebt die Sünde. Der andere sündigt auch, aber er leidet unter dieser Sünde, haßt sie und will sie loswerden. Im Gottlosen ist dieser Konflikt nicht vorhanden. Er hat Frieden geschlossen mit seiner Sünde. Aber das ist ein falscher Friede, sagt die Bibel. Der Christ, der auch sündigt, hat aber keinen Frieden mit der Sünde, sondern er lebt im Krieg mit der Sünde. Er erleidet diesen Konflikt, den Kampf um ein heiliges Leben. Aber weil er es nicht schafft, streckt er sich nach der Hilfe Gottes durch den Heiligen Geist aus. Dieses sich Ausstrecken, sich Bemühen und Fortschreiten ist ein Zeichen des lebendigen Glaubens und deshalb sowohl für andere als auch für jeden Christen persönlich ein wunderbarer Beleg seiner Berufung und Erwählung, die Gott vor ewigen Zeiten festgesetzt hat.

Festhalten am Wort der Wahrheit

„Und so halten wir fest an dem völlig gewissen prophetischen Wort, und ihr tut gut daran, aufmerksam darauf zu achten als auf ein Licht, das an einem dunklen Ort scheint, bis der Tag anbricht und der Morgenstern aufgeht in euren Herzen."

(2. Petrus 1,19; Sch 2000)

Der zentrale Begriff sowohl in diesem Vers als auch in der gesamten Passage ist *„das prophetische Wort"*. Damit sind die heiligen Schriften der Bibel gemeint, da sie von Menschen vermittelt wurden, die durch den Heiligen Geist das Wort Gottes redeten und schrieben und darum in der Tat Propheten waren.

Das prophetische Wort besteht nicht aus Legenden und Fabeln

Die Bibel berichtet z.B. – und davon spricht Petrus in den Versen zuvor – von dem Berg der Verklärung. Jesus war dort mit Petrus, Jakobus und Johannes und wurde vor den Augen dieser drei Jünger verwandelt, *„sein Angesicht leuchtete wie die Sonne, und seine Kleider wurden weiß wie das Licht" (Matthäus 17,2)*. Dann erschienen ihnen noch Elia und Mose. Danach kam eine Stimme vom Himmel: *„Dies ist mein lieber Sohn, an dem ich Wohlgefallen habe; den sollt ihr hören!" (Matthäus 17,5)*. Solche und ähnliche Berichte stehen in der Bibel, und die Welt nennt sie „Legenden".

Als ich seinerzeit auf das Gymnasium ging, betonte mein Religionslehrer immer, daß die Bibel und ihre Berichte und Geschichten Mythen und Legenden seien, die man nicht wirklich als historische Ereignisse darstellen und verstehen könne. Ein Kirchenbeauftragter der evangelischen Kirche schrieb zum Jahr der Bibel 2003, daß die Bücher der Bibel keine wirklichen historischen Ereignisse berichten würden, sondern vielmehr religiöse Entwicklungen, Visionen und

Legenden beschreiben würden. Kann man sich vorstellen, daß man bei einer solchen Bewertung der Heiligen Schrift viele Menschen für den Glauben gewinnen kann?

Aber Petrus sagt: *„Wir sind nicht klug ersonnenen Legenden gefolgt"* – aber wir klugen Zeitgenossen wissen das natürlich besser –, *„sondern wir sind Augenzeugen seiner herrlichen Majestät gewesen" (2. Petrus 1,16; Sch 2000)*. Es ist schon eine ziemliche Unverfrorenheit, um nicht zu sagen: Vermessenheit, zu sagen, die Bibel sei Legende, wenn Augenzeugen das Gegenteil behaupten.

In die gleiche Richtung geht auch Johannes, wenn er von Jesus spricht. Er sagt: *„Was von Anfang an war, was wir gehört haben, was wir gesehen haben mit unsern Augen, was wir betrachtet haben und unsre Hände betastet haben, vom Wort des Lebens"* – er meint Jesus. *„Und wir haben gesehen und bezeugen und verkündigen euch das Leben, das ewig ist, das beim Vater war und uns erschienen ist" (1. Johannes 1,1-2)*.

Die Schreiber der Bibel beteuern an allen Enden der Schrift, daß sie gesehen, daß sie betastet, daß sie gehört, daß sie gefühlt, daß sie erlebt haben. Sie schreiben nicht nur, sondern sie geloben es uns, daß das wahr ist, was sie geschrieben haben. Sie haben schon geahnt, daß es eines Tages Menschen geben würde, die sagen würden: „Das sind nur Fabeln." Als Johannes sein Evangelium abschließt, sagt er noch einmal, um es zu besiegeln: *„Dies ist der Jünger, der dies alles bezeugt und aufgeschrieben hat, und wir wissen, daß sein Zeugnis wahr ist" (Johannes 21,24)*. Wenn die Leute trotzdem sagen: „Nein, es ist eine Legende, es sind nur Märchen", machen sie die Schreiber der Bibel zu falschen Zeugen. Aber Gott wird diese Menschen im Gericht wegen dieser Verleumdung zur Verantwortung ziehen.

Eines Tages kam ein sehr gelehrter Mathematiker zu einem gläubigen Pfarrer und sagte: „Herr Pfarrer, was würden Sie machen, wenn die Mathematik schließlich beweisen würde, daß die Bibel doch unrecht hat?" Darauf antwortete der gläubige Bruder: „Wissen Sie was, Herr Professor, dann würde ich solange warten, bis Sie Ihren Rechenfehler gefunden haben." Das ist wirklich wahr. Wir brauchen uns nicht provozieren lassen von Menschen, die unter dem Deckmantel der Gelehrsamkeit solche Behauptungen aufstellen. Nein, ich glaube den Zeugen, so wie ein Richter einem Zeugen glaubt, der Aussagen macht und sagt: „Ich kann schwören, daß das wahr ist." Deshalb glaube ich Petrus, wenn er sagt: „Das prophetische Wort ist keine Legende."

Das prophetische Wort ist vom Heiligen Geist eingegeben

In den Versen 20 und 21 steht geschrieben: *„Dabei sollt ihr vor allem das erkennen, daß keine Weissagung der Schrift ein Werk eigenmächtiger Deutung ist. Denn niemals wurde eine Weissagung durch menschlichen Willen hervorgebracht, sondern vom heiligen Geist getrieben haben die heiligen Menschen Gottes geredet" (Sch 2000).* Petrus bezeugt uns also: Die heiligen Schriften gehen nicht auf eine menschliche Idee zurück, sondern unmittelbar auf das „Treiben" des Heiligen Geistes. Er benutzt ein Wort, das auch Lukas gebraucht, als er den Schiffbruch von Paulus beschreibt. Dort heißt es: „Und sie ließen sich mit dem Schiff treiben" (nach Apostelgeschichte 27,17). Dasselbe Wort benutzt Petrus hier: Die Menschen wurden *„getrieben vom heiligen Geist"*. Nicht vom Sturm, sondern von Gottes Geist waren die mehr als vierzig Bibelschreiber getrieben. Sie waren keine allgemeinen Autoren, die sich ausdachten, was sie aufschreiben wollten. Nein, Gottes Geist erfaßte sie, riß sie mit sich und trieb sie. Allein im Alten Testament heißt es mindestens zweitausend Mal, daß Gott zu Menschen sprach. „Der Herr redete und sprach", „das Wort des Herr geschah zu mir", „ich lege meine Worte in deinen Mund", „so spricht der Herr" usw.

Der Prophet Jeremia bezeichnete diese Anrufe Gottes auch als die *„Last des HERRN“ (Jeremia 23,34+36+38)*. Er stand unter einem Befehl, dem er sich nicht widersetzen konnte. Dieser Ausdruck beschreibt die Nötigung, mit der Gott Jeremia und ganz ähnlich auch andere Propheten zur Übermittlung der Botschaft drängte. Denn oft war die Botschaft zu schwer, und sie verstanden selbst nicht, was sie geredet oder geschrieben hatten.

Auch im 1. Petrus-Brief heißt es: *„Wegen dieser Errettung haben die Propheten gesucht und nachgeforscht, ... auf welche ... Zeit der Geist des Christus hindeutete. ... Ihnen wurde[n] geoffenbart ... Dinge, in welche auch die Engel hineinzuschauen begehren“ (1. Petrus 1,10-12; Sch 2000).* Selbst die Engel konnten nicht ergründen, was da geschrieben und verfaßt wurde – und auch nicht die Schreiber selber. Das ging über ihren Horizont hinaus, weil es eine Offenbarung war, die erst in späterer Zeit entschlüsselt werden sollte. Aber die Menschen haben das alles niedergeschrieben unter der Kraft des Heiligen Geistes. Deswegen kann man wirklich sagen: Die Bibel ist nicht das Ergebnis der Druckerpresse, sondern die Bibel ist ein heiliges Wunder Gottes, sie ist außergewöhnlich, sie gibt es kein zweites Mal.

Manchmal geschah dieser Prophetendienst sogar gegen den eigenen Wunsch und Willen der Menschen. Wir erinnern uns an Jeremia. Er schreibt: *„Du bist mir zu stark geworden und hast mich überwunden!“ (Jeremia 20,7; Sch).* Er hat den Tag seiner Geburt verflucht, weil er diese schweren, unverständlichen prophetischen Botschaften, die die Menschen ärgerten und durcheinanderbrachten, nicht mehr weitergeben wollte. *„Ich will ... nicht mehr in seinem Namen reden.“* Aber dann konnte er nicht innehalten und sagt weiter: *„Dann brannte es doch in meinem Herzen, als wäre ein Feuer in meinen Gebeinen eingeschlossen; ich suchte es auszuhalten, aber ich konnte nicht“ (Jeremia*

20,9; Sch). Und er blieb ein Botschafter Gottes durch den Heiligen Geist.

Natürlich kommt die Frage auf: „Ja, sind die Propheten und Bibelschreiber denn Stenotypisten gewesen? Haben sie mechanisch und willenlos arbeiten müssen?" Nein, nein. Wir glauben nicht an eine mechanische Inspirationslehre, bei der die Menschen nichts anderes als ein neutrales und mechanisches Medium gewesen wären. Nein, es waren Menschen, wie Gott sie geschaffen hat. Deshalb finden wir in der Bibel auch so verschiedene Stilarten, die durch die unterschiedlichen kulturellen Hintergründe, Sprachen und Jahrhunderte geprägt sind. Die Bibel ist insgesamt über einen Zeitraum von mindestens 1600 Jahren entstanden. Die Autoren gehörten verschiedenen Berufsgruppen an. Petrus war z.B. ein Fischer, Daniel ein Staatsmann. Amos war ein Hirte, Paulus war Theologe, Lukas Arzt, Matthäus war ein Zollbeamter. Das ist selbstverständlich alles mit eingeflossen. Gott hat die Persönlichkeit der Menschen nicht ausgeschaltet und ausgelöscht, im Gegenteil. Darin erweist sich ja gerade das Wunder Gottes. Der Herr leitete sie und lenkte ihre Herzen, ihre Gedanken und Sinne. Und das schaffte ein irrtumsfreies Ergebnis. Wir glauben an die verbale Inspiration der Heiligen Schrift. Da ist kein Wort zuviel, noch nicht einmal ein i-Punkt. Und wir hüten uns, einen davon wegzunehmen. So sagt es die Offenbarung des Johannes (Kapitel 22,18-19). So wie Gottes Heilige Schrift ist, ist sie komplett, ohne Notwendigkeit, sie zu verändern oder zu ergänzen. Gott gebrauchte Menschen. Aber die Bibel ist dennoch ganz und gar Gottes Werk.

Die persönliche Konsequenz

In der Konsequenz aus diesen beiden Punkten stellt sich für dich ganz persönlich die Frage: Wie ist deine Stellung zu diesen heiligen Schriften? Ich habe von dem großen Evangelisten Billy Graham gelesen, daß er am Anfang seines Predigtdienstes auch Zweifel an der Zuverlässigkeit der Bibel hatte. Auch er hatte sich mit liberaler Theologie, mit der sogenannten historisch-kritischen Methode auseinandergesetzt – und war dadurch manchmal auch durcheinander gekommen. Er schreibt: „Ich weiß noch, wie ich einen Pfad entlangging, durch den Wald streifte und innerlich beinahe mit Gott kämpfte. Ich duellierte mich mit meinen Zweifeln. Meine Seele war ins Kreuzfeuer geraten. Schließlich lieferte ich in meiner Verzweiflung meinen Willen dem sich in der Bibel offenbarten lebendigen Gott aus. Ich kniete vor der aufgeschlagenen Bibel nieder und betete: ‚Herr, vieles in diesem Buch verstehe ich nicht. Aber Du hast gesagt: Der Gerechte wird durch Glauben leben. Alles, was ich von Dir bekommen habe, habe ich im Glauben genommen. Hier in diesem Augenblick akzeptiere ich im Glauben die Bibel als Dein Wort. Ich akzeptiere sie ganz, ich akzeptiere sie ohne Vorbehalt.‘ … Während des Evangelisationsfeldzuges in Los Angeles habe ich das Geheimnis dann entdeckt, welches meinen Dienst verändert hat. Ich hörte damit auf, beweisen zu wollen, daß die Bibel wahr ist. Ich war mit mir selbst ins Reine gekommen, und dieser Glaube übertrug sich auf die Zuhörer. … Und immer und immer wieder hörte ich mich predigen: ‚Die Bibel sagt, die Bibel sagt.‘ … Ich kam dahin, daß ich keine der alten Predigten mehr gebrauchen konnte. Während ich sechs bis acht Stunden am Tag arbeitete, empfing ich neue Botschaften, die Gott mir ins Herz brannte. Ich ließ die Illustrationen bleiben und zitierte jeden Abend zwischen 25 und 100 Bibelstellen. Ich habe festgestellt, daß die Menschen der Wucht des Wortes Gottes nicht widerstehen können. Auch der hartgesottenste Sünder muß davor kapitulieren.“[14]

---

[14] Billy Graham. Das sagt die Bibel. Dynamis-Verlag: Baden (CH), 1977. S. 49-52

Ihr Lieben, das ist es, was ich auch persönlich entdeckt und erfahren habe. Auch du mußt entscheiden: Vertraust du der Bibel? Ist sie die Grundlage deines Lebens? Wenn ja, dann wirst du sehen, welche Macht und Autorität, welche Kraft und Göttlichkeit in den Heiligen Schriften der Bibel ist.

Am Wort festhalten

„So halten wir fest an dem völlig gewissen prophetischen Wort", schreibt Petrus. Wir sollen und dürfen an dem Wort festhalten, obwohl man es uns aus der Hand reißen will. Am Arbeitsplatz oder auch in den Medien, überall will man uns die Heiligen Schriften aus der Hand und vor allen Dingen aus dem Herzen reißen. Und immer wieder will man uns einschärfen: „Es ist ein Buch unter vielen anderen Büchern. Du hast die Wahl und die Alternative." Aber Petrus sagt: „Laßt das nicht geschehen mit euch! Haltet fest an dem prophetischen Wort." Aus dem unveränderlichen Wort soll unbedingt ein modernistisches Wort werden. So sage auch ich euch: „Laßt das nicht geschehen." Petrus sagt nicht: „Wenn die Zeit so ins Land geht und sich die Denkweisen der Gesellschaften verändern, müßt ihr die Heiligen Schriften immer dementsprechend anpassen." Oh nein! Dann wäre die Heilige Schrift nicht göttliches Wort! Aber weil sie göttlich ist, ist sie unwandelbar und trotzdem immer aktuell, wie der lebendige Gott selber unwandelbar und aktuell zugleich ist.

Petrus sagt weiter: „Achtet aufmerksam auf das prophetische Wort." Das ist auch die Sehnsucht meines Herzens. Häufig ist es so: Man achtet ein bißchen auf das prophetische Wort, man tickt es ein bißchen an. Und dann macht man sich so seine eigenen theologischen Gedanken. Nein, ihr Lieben. Petrus sagt: So können wir nicht mit Gottes Wort umgehen, sondern wir müssen es sorgfältig behandeln. Deswegen fordert er auf: „Seid aufmerksam. Laßt es nicht aus dem Auge. Betrachtet jedes Detail. Laßt nichts weg. Fügt nichts hinzu." Ich empfehle den Christen gerne, bei einer Andacht jeden Vers, jedes Wort genau zu betrachten, auch zu schauen, wie andere Übersetzer diesen Text wiedergegeben haben. Ich habe auf dem Gymnasium ein bißchen Griechisch gelernt. So kann ich noch ein wenig in den griechischen Grundtext hineinschauen. Auf diese Weise erfreut uns das Wort Gottes. So entfaltet es Kraft. Dann merken wir: Es lohnt sich, an dem prophetischen Wort festzuhalten und darauf zu achten, daß nicht ein Wort auf die Erde fällt.

Nun liefert uns der Apostel zwei gute Gründe dafür, daß wir an dem Wort festhalten sollen:

Das prophetische Wort ist erwiesenes Wort

Das macht Petrus uns an dem Beispiel der Verklärung auf jenem Berg klar. Die drei Jünger, Johannes, Petrus und Jakobus, waren da, dazu Mose und Elia aus der jenseitigen Welt. Sie haben die Stimme gehört. Und Petrus sagt jetzt: *„Wir sind Augenzeugen seiner herrlichen Majestät gewesen" (2. Petrus 1,16; Sch 2000).* Petrus bestätigt damit, daß diese Geschichte, die Matthäus aufgeschrieben hat, wahr ist. Deshalb ruft er uns zu: „Weil es erwiesen ist, haltet fest an dem völlig gewissen und prophetischen Wort."

So sind z.B. auch die prophetischen Schriften des Alten Testamentes erwiesen und bestätigt durch die Ereignisse des Neuen Testamentes. Nehmen wir die Weissagungen auf Jesus Christus – von Ihm handelt eigentlich die Bibel von A bis Z. Im Alten Testament lesen wir, daß Christus aus dem Stamm Juda kommen sollte, aber auch aus dem Haus Davids. Und so geschah es auch. Ja, sogar der Geburtsort – Bethlehem – wurde durch den Propheten Micha geweissagt (Micha 5,1). Dadurch fanden schlußendlich auch die Weisen aus dem Morgenland Jesus, den wahren König. Wir könnten viele weitere Beispiele anführen, die die Juden seit Jahrhunderten in Gottes Wort lesen konnten. Deshalb kann Petrus mit gutem Grund behaupten: „Das prophetische Wort ist erwiesen. Deshalb halten wir daran fest.“

Als Jesus zu Beginn Seiner Wirksamkeit nach Nazareth kam, wurde Ihm die Buchrolle des Propheten Jesaja gereicht, und Er las aus dem Propheten Jesaja (vgl. Lukas 4,18-19). Dann sagte Er: *„Heute ist diese Schrift vor euren Ohren erfüllt“ (Lukas 4,21; Elb).* Das prophetische Wort war beglaubigt, war bestätigt. Das dürfen wir von Herzen glauben.

Weil sich so viele Details des prophetischen Wortes bereits erfüllt haben, dürfen wir der festen Zuversicht sein, daß sich die noch ausstehenden Verheißungen ebenso präzise erfüllen werden. Deshalb dürfen wir glauben, daß auch das verheißene zweite Kommen Jesu sich so ereignen wird, wie die Propheten es gesagt haben. Ich darf meinem himmlischen Vater, der mir neunundneunzig Mal die Wahrheit gesagt hat, auch das hundertste Mal vertrauen, daß Er Sein Wort einlöst. Denn was Er gesagt hat, das tut Er gewiß.

Jesus sagte einmal: „Das Evangelium wird verkündigt werden bis an die Enden der Erde“ (vgl. Apostelgeschichte 1,8). Das erfüllt sich vor unseren Augen. Zu Beginn waren es nur wenige Jünger. Zu Pfingsten waren sie 120. So eine kleine Schar! Heute sind es Millionen von Menschen auf der ganzen Welt, die zur Gemeinde Jesu gehören. Und Jesus verheißt: „Ich werde wiederkommen. Ich werde Mein Reich aufrichten.“ Ja, warum sollte das nicht geschehen? Aber Er warnt auch: „Es wird das Gericht kommen.“ Und dann kommt die Hochzeit des Lammes. Es wird einen neuen Himmel und eine neue Erde geben. *„Und Gott wird abwischen alle Tränen von ihren Augen, und der Tod wird nicht mehr sein, noch Leid noch Geschrei noch Schmerz wird mehr sein“ (Offenbarung 21,4).* Jesus erklärt auch: „Ich baue mit Meiner auserwählten Gemeinde eine neue

Welt." Wir sehen das vor unseren Augen. Das prophetische Wort ist bestätigt, und es wird Jahr um Jahr weiter bestätigt, bis alles erfüllt ist.

Das prophetische Wort ist ein Licht, das an einem dunklen Ort scheint

Die Welt ist ein dunkler Ort. Die Menschen sind verunsichert, orientierungslos und voller Ängste. Die Sünde ist der Leute Verderben. Weltweiter Terror, Gewalt, Kriminalität, sexuelle Ausbeutung von Frauen, Mißbrauch von Kindern, Hunger, Kriege, Korruption, Ehebruch, Perversion, Mißtrauen finden wir an allen Ecken und Enden. Wir leben wahrlich an einem dunklen Ort. Aber Petrus sagt: „Es gibt ein Licht. Das ist das prophetische Wort. Dieses Wort weist uns den Weg."

Aber was nutzt uns der Wegweiser, wenn wir ihn zwar nach allen Regeln der Kunst unter die Lupe nehmen, aber den angegebenen Weg nicht gehen? Aber so machen es die Leute mit der Bibel. Und dann wundern sie sich, daß sie nicht ans Ziel kommen. Ich würde das Wort Jesu ernst nehmen: *„Ich bin der Weg, die Wahrheit und das Leben" (Johannes 14,6).* Ich würde mich auf den Weg machen. Willst du herausfinden, ob die Bibel wirklich wahr ist, dann gebe ich dir einen guten Rat: Teste sie! Gehe und folge dem Licht des Lebens! Wer angekommen ist und den Frieden in Christus gefunden hat, kommt zu dem Ergebnis: „Wie gut, daß ich losgegangen bin!" Gottes Wort ist wahr!

Falschen Propheten widerstehen

„Es gab aber auch falsche Propheten unter dem Volk, wie auch unter euch falsche Lehrer sein werden, die heimlich verderbliche Irrlehren einführen, indem sie sogar den Herrn, der sie erkauft hat, verleugnen; und sie werden ein schnelles Verderben über sich selbst bringen." (2. Petrus 2,1; lies 1-22; Sch 2000)

Es ist erstaunlich, wie oft und mit welcher Deutlichkeit und Wichtigkeit das Thema „falsche Propheten" bzw. „falsche Lehrer" in der Bibel behandelt wird. Jesus macht diese Frage sogar zum Endzeitthema: *„Und es werden sich viele falsche Propheten erheben und werden viele verführen" (Matthäus 24,11).* Deshalb wollen wir uns als erstes mit diesem Thema befassen.

Falsche Propheten ...

Das Endzeitzeichen eines falschen Prophetentums dürfen wir genausowenig übersehen wie die anderen Zeichen, von denen Jesus in Matthäus 24 spricht. Die christliche Gemeinde wird heute von falscher Lehre wie kaum zuvor überflutet. Deshalb ist das Wort des Petrus für uns hochaktuell. Welches sind nun die Kennzeichen falscher Propheten und falscher Lehrer? Die generelle Antwort, die Petrus hier gibt, ist: „Sie verleugnen den Herrn Jesus Christus" (nach 2. Petrus 2,1). Auf welche Weise tun sie das?

... berufen sich auf Jesus, aber folgen Ihm nicht nach

Man kann Jesus mit dem Mund bekennen, Ihn aber mit dem Leben verleugnen. Ein typisches Merkmal, das Jesus bei falschen Propheten ausmacht, ist zum Beispiel, daß sie Zeichen und Wunder tun, aber nicht nach dem Wort Gottes wandeln. *„Denn es werden falsche Christusse und falsche Propheten aufstehen und große Zeichen und Wunder tun" (Matthäus 24,24).* Aber sind Zeichen und Wunder denn nicht ein Beleg für göttliche Vollmacht? Bei Jesus und den Aposteln war das so. Auch im Laufe der Kirchen- und Gemeindegeschichte hat es immer Männer und Frauen gegeben, die vom Heiligen Geist begabt waren, Wunder zu tun. Und der Gott, der gestern Wunder tun konnte, kann es auch noch heute tun.

Aber Achtung! Zeichen und Wunder sind nicht der Kern von Jesu Anliegen. Er ist gekommen, zu suchen und zu retten, was verloren ist. Hört, wie Jesus uns sehr deutlich warnt: *„Hütet euch aber vor den falschen Propheten, die in Schafskleidern zu euch kommen, inwendig aber reißende Wölfe sind! An ihren Früchten sollt ihr sie erkennen. ... Nicht jeder, der zu mir sagt: Herr, Herr! wird in das Reich der Himmel eingehen, sondern wer den Willen meines Vaters im Himmel tut. Viele werden an jenem Tag zu mir sagen: Herr, Herr, haben wir nicht in deinem Namen geweissagt und in deinem Namen Dämonen ausgetrieben und in deinem Namen viele Wundertaten vollbracht? Und dann werde ich ihnen bezeugen: Ich habe euch nie gekannt; weicht von mir, ihr Gesetzlosen!" (Matthäus 7,15-23; Sch 2000).* Diese falschen Propheten vollbrachten Phänomenales, beriefen sich auf Jesus, aber taten nicht den Willen Gottes. Sie waren also nicht wiedergeboren. Sie haben die wahren Propheten nur imitiert und viele Menschen getäuscht. Deshalb werden sie *„Gesetzlose"* oder *„Übeltäter" (LÜ '84; Elb)* genannt. Jesus kommt es weniger auf die Machttaten, sondern viel mehr auf das persönliche Leben an, auf die charakterliche Veränderung Seiner Nachfolger, auf das Gebot Gottes, auf ihre Heiligung. Nicht das, was wir tun, sondern das, was wir sind, ist vor Gott wichtig.

Petrus beschreibt die falschen Propheten mit diesen Worten: *„Aus Habsucht werden sie euch ... ausbeuten" (2. Petrus 2,3; Sch).* Wir würden heute sagen: Sie sind Prediger des Wohllebens, denn Armut leiden ist für sie Sünde. Petrus setzt fort: *„Sie halten die Schwelgerei bei Tage für ihr Ver-*

gnügen. ... Dabei haben sie Augen voller Ehebruch" (2. Petrus 2,13-14; Sch 2000). Und so verleugnen sie Christus. Sie nehmen Seinen Namen gerne in den Mund, aber ihr Bekenntnis zu Ihm hat keinen Einfluß auf ihre Arroganz, auf ihren Stolz, auf ihre Geldliebe, auf die Lust ihres Fleisches. Sie instrumentalisieren Jesus Christus nur für ihre Karriere. Aber Jesus sagt: *„Ich habe euch noch nie gekannt."*

Als Prototyp für diese falschen Propheten nennt Petrus Bileam im Alten Testament. Er wußte genau, daß Israel gesegnet war, aber weil er die Anerkennung großer Leute liebte, ließ er sich von dem berühmten König Balak anwerben, um eine böse Prophetie über Israel auszusprechen – für ein gutes Honorar natürlich. Er liebte den *„Lohn der Ungerechtigkeit"*, wie Petrus es ausdrückt (2. Petrus 2,15). Für Bescheidenheit, für Treue und kompromißlosen Gehorsam Gott und Seinem Wort gegenüber war kein Platz mehr bei Bileam. Er wollte Gott prophetisch dienen, aber in Wahrheit verleugnete er Ihn mit seinem Leben.

... bekennen zwar Christi Namen, aber inhaltlich entleeren sie ihn

Unsere gesamte westliche Völkerwelt segelt unter dem Namen „christlich". Vielerorts wird der Herr Jesus Christus auch noch in gewisser Weise geehrt. Man spricht hoch von Ihm als guten Menschen, als guten Lehrer, als Ethiker, als Pazifist, als Sozialkritiker, aber nicht als Sohn des lebendigen Gottes. Der Apostel Johannes schreibt: *„Denn viele Verführer sind in die Welt ausgegangen, die nicht bekennen, daß Jesus Christus in das Fleisch gekommen ist. Das ist der Verführer und der Antichrist" (2. Johannes 1,7).* Jeder Mensch ist durch die Geburt ins Fleisch gekommen. Johannes will über Jesus jedoch folgendes sagen: Er ist von Ewigkeit her bei dem Vater, Er ist Gott, Er ist der Sohn Gottes, *ein* Wesen mit dem Vater und dem Heiligen Geist.

Er hat die Herrlichkeit verlassen und hat unser sterbliches Menschsein angenommen, um uns aus unserer Sündenverstrickung zu erlösen. Er ist am Kreuz von Golgatha gestorben und hat Sein heiliges und teures Blut vergossen. Diese Wahrheit blenden falsche Propheten aus und tragen so einen reduzierten Christus vor. Weitere falsche Lehren kommen hinzu: Maria sei keine Jungfrau gewesen, Jesus sei nicht auferstanden, der Mensch sei gut und brauche keine Erlösung. Die Tatsache der Sünde und die zwingende Notwendigkeit der Erlösung durch Christi vergossenes Blut werden verleugnet. Wie viele Kanzeln gibt es, von denen den Zuhörern nur geschmeichelt wird. Die „Wir-kommen-alle-in-den-Himmel-Theologie" ist eine der subtilsten Verleugnungen Jesu Christi. Diese falsche Prophetie besagt: Christus hätte gar nicht sterben brauchen, Golgatha hätte Er sich ersparen können, denn für unsere Sünden könnten wir nichts – und so schlimm, daß jemand dafür sterben müßte, seien sie nun auch wieder nicht. Dann heißt es weiter: „Wir gehen nicht den Weg der Buße, sondern den Weg des positiven Denkens, der modernen Psychologie und des Humanismus. Natürlich sind wir Christen und reden von Jesus, aber Er ist tolerant und positiv und ruft uns zu: ‚Macht einfach Liebe, fühlt euch wohl und glaubt an euch.'" Was für falsche Propheten sind das, die Jesus Christus im Munde führen, aber Sein Versöhnungswerk am Kreuz verleugnen und das Evangelium auf den Kopf stellen und Sein vergossenes Blut mit Füßen treten?! Wenn Christus, der Gekreuzigte, nicht im Mittelpunkt steht, wenn nicht absolut klar wird, daß es ohne das Blut Jesu Christi keine Vergebung und keine Hoffnung gibt, dann ist der Mensch, der uns belehren will, nach der Bibel ein falscher Prophet. Er predigt nicht das Evangelium Gottes.

Das Kriterium des falschen Prophetentums ist also: Wenn dein noch so guter Glaube direkt oder indirekt, offen oder versteckt die Kreuzestat Christi leugnet, durch die allein ein Mensch frei von seiner Schuld und auf ewig errettet werden kann, dann bist du falschen Propheten zum Opfer gefallen. Wende dich davon ab und suche den Herrn Jesus Christus, der ins Fleisch gekommen ist, um Sünder durch den Glauben an Ihn selig zu machen. Diese Wahrheit wird dich frei machen.

In der Versuchung bestehen

Als zweites wollen wir nun sehen, wie ein Christ, besonders ein schwacher, in der Versuchung durch falsche Propheten bestehen kann. Petrus stellt falsche Propheten und Lehrer in unserem Kapitel erstens mit den gefallenen Engeln gleich, die in die Finsternis geworfen wurden, zweitens mit den gottlosen Zeitgenossen Noahs und drittens mit den gerichtsreifen Einwohnern Sodoms und Gomorras. So kommt Petrus auf Lot zu sprechen, den Gott noch herausrettete. Damit verbindet Petrus drei Botschaften:

Lot war gerecht

Petrus schreibt wörtlich vom *„gerechten Lot" (2. Petrus 2,7)*. Wieso kann er das über diesen Versager sagen? Zum ersten war Lot sehr ichsüchtig. Als es um die Wahl des Landes ging, ließ Lot seinem älteren Onkel Abraham nicht den Vortritt. Er sah die saftigen Ebenen und das schöne Leben in Sodom und Gomorra und wollte es besitzen. Zum zweiten wollte er seine Töchter zum freien Mißbrauch an die drängenden Mitbürger schonungslos ausliefern, damit diese von der Forderung abließen, seinen Besuch herauszugeben – nämlich die Engel, die wegen seiner Errettung zu Lot gekommen waren. Nur durch das Eingreifen der Engel kam es nicht zu dieser Schande. Zum dritten zögerte Lot, als die Engel ihn in Sicherheit bringen wollten. Er liebte also die Welt. Und zum vierten zeigt uns die Bibel, daß Lot es mit dem Alkohol wohl ziemlich locker nahm. Denn am Ort der Sicherheit angekommen, machten seine Töchter ihn betrunken, um Nachkommenschaft von ihrem Vater zu erhalten. Die Biographie von Lot ist also nicht sehr appetitlich. Dennoch schreibt Petrus, ohne verlegen zu werden: „Der gerechte Lot wurde errettet."

Wenn man nicht das Geheimnis des Evangeliums von der bedingungslosen Gnade Gottes ins Herz aufgenommen hat, entsteht hier eine Spannung. Aber durch den Versuch, sündlos zu leben, wird kein Mensch gerecht. Denn wir alle versagen und bleiben schuldig vor Gott. In der Bibel wird kein Mensch wegen seines guten Lebens als gerecht bezeichnet. Dort steht: *„Da ist keiner, der gerecht ist, auch nicht einer" (Römer 3,10).* Aber die Heilige Schrift bezeichnet den als gerecht, der Gott vertraut und glaubt, daß er um Jesu willen unverdient gerecht gesprochen wird.

Diese Glaubensbotschaft muß Abraham wohl an seinen Neffen weitergegeben haben. Denn von Abraham heißt es schon im Alten Testament: *„Abram glaubte dem HERRN, und das rechnete er ihm zur Gerechtigkeit" (1. Mose 15,6).* Und so war es auch bei Lot. Er war ein Gerechter nicht aus Verdienst, sondern aus Gnade. Er war absolut nicht besser als die Gottlosen seiner Zeit. Er hätte es verdient, ebenso dem Gericht zu verfallen.

Christen kommen nicht in den Himmel, weil sie besser oder anständiger sind als die Ungläubigen. Lot ist ein Beispiel dafür. Im Himmel werden nur Menschen sein, die trotz ihrer Sünde begnadet worden sind. Diese Botschaft finden wir überall in Gottes Wort. Gott will nicht dadurch Ehre erhalten, daß jemand selbstverdient gerecht vor Ihm wird, sondern dadurch, daß Er aus freien Stücken und aus purer Gnade Gottlose gerecht macht, indem sie einfach an Jesus Christus als ihre geschenkte Gerechtigkeit glauben. In diesem Sinne war Lot gerecht und wurde aus dem untergehenden Sodom gerettet.

Der gerechte Lot litt unter den Gottlosen

Mit der geschenkten Glaubensgerechtigkeit zieht der Heilige Geist ins Herz ein, und sofort beginnt ein Krieg im

Inneren des Menschen. Paulus schreibt: *„Das Fleisch begehrt auf gegen den Geist“ (Galater 5,17).* Der Gottlose kennt diesen Konflikt nicht, denn er liebt die Sünde. *„Sie alle erwählen ihre eigenen Wege, und ihre Seele hat Wohlgefallen an ihren Greueln“ (Jesaja 66,3; Sch).* Das war der Wesenszug der gerichtsreifen Gesellschaft in Sodom und Gomorra. Sie waren schlicht und ergreifend glücklich in ihrer Sünde und in ihrem Widerspruch, den sie gegen Gott auslebten. Aber in dem Augenblick, in dem die Gerechtigkeit des Glaubens durch den Heiligen Geist in die Seele eines Menschen kommt, hat sie keinen Wohlgefallen mehr an der Übertretung.

Was einen Christen von einem ungläubigen Menschen unterscheidet, ist, daß der Christ von der Sünde angefochten wird und bisweilen auch in sie fällt. Aber in dieser Angelegenheit hat er keinen Frieden, sondern der Heilige Geist in ihm, die Glaubensgerechtigkeit in ihm begehrt auf. Es ist eine Not in seinem Herzen. Ich glaube, daß auch Lot diese Unruhe, diesen Kampf gehabt hat. Darum sagt Petrus über ihn: *„Der durch den zügellosen Lebenswandel der Frevler geplagt worden war. Denn dadurch, daß er es mit ansehen und mit anhören mußte, quälte der Gerechte, der unter ihnen wohnte, seine gerechte Seele Tag für Tag mit ihren gesetzlosen Werken“ (2. Petrus 2,7-8; Sch 2000).* Gewiß kann man sagen: „Lot, warum wohnst du in Sodom?“ Andererseits lehrt uns Jesus, daß wir als Christen noch in der Welt sind, obwohl wir nicht von ihr sind (Johannes 17,14-16). Insofern wird die Sündhaftigkeit der Ungerechten, ihre Frevel, ihre Unmoral, ihre Perversion zu einem unerträglichen Leiden für Christen.

Denken wir nur an die öffentliche Pornographie. Ein Christ möchte sein Herz vor dieser Obszönität bewahren, aber seine Augen werden gezwungen, überall die Schamlosigkeit mit anzuschauen. Und da der Christ auch Fleisch und Blut ist, wird der Lebensstil einer gottlosen Gesellschaft zu einer großen Versuchung für ihn. Natürlich steht jeder aus Glauben Gerechte mit seiner Sünde allein vor Gott und kann Ungläubige nicht beschuldigen. Und doch quält die Welt die gerechte Seele. Deshalb wehe denen, die anderen ihre Schande durch öffentlichen oder privaten Druck aufdrängen und auch die Auserwählten verführen wollen, wenn es möglich wäre.

Deshalb möchte ich zum Beispiel Ehemänner warnen, die ihre gottesfürchtigen Frauen mit ihren perversen Lüsten quälen. Ebenso peinigen manchmal auch ungläubige Kinder mit ihrem schändlichen Lebenswandel ihre betenden Eltern. Manchmal sind es auch Vorgesetzte, die von Christen Unehrlichkeit und Unreinheit erwarten, und das unter Androhung von Arbeitsplatzverlust. Ich kann nur sagen: Wehe, wehe, wer gerechte Seelen mit seiner Sünde quält!

Mein Rat an Christen ist der: Geht der Gottlosigkeit so weit als möglich aus dem Wege. Lest dazu Psalm 1. Da, wo du keine Chance hast, dem bösen Umfeld zu entfliehen, tröste dich mit dem nächsten Gedanken.

Gott wird die Gerechten bewahren

„Der Herr weiß die Frommen aus der Versuchung zu erretten" (2. Petrus 2,9). So hat Er es auch mit Lot getan. Gewiß hat Gott seine Sünden nicht durchgehen lassen. Auch er wurde wie jedes Kind Gottes von seinem himmlischen Vater diszipliniert, aber nicht wie die Ungerechten verworfen, sondern errettet. Lot hatte ein Siegel von Gott in seinem Herzen, den Heiligen Geist. Ein geheimer Sender war in seiner Brust, der ihn mitten in allem Versagen doch heimlich immer wieder zum Himmel zog. Die geschenkte Gerechtigkeit aus Glauben hielt ihn fest, und er wurde schließlich aus dem Sumpf Sodoms herausgerettet. Das gilt auch dir, du schwaches Gotteskind. Der Herr weiß auch dich aus der Versuchung zu erretten! Denn Er hat dir den Heiligen Geist gegeben. Du bist und bleibst Sein. Auch

wenn du in der Welt der Sünde fast verschollen bist, der gute Hirte findet dich wieder und bringt dich nach Hause.

Gottes Zeitrechnung

„Dabei sollt ihr vor allem das erkennen, daß am Ende der Tage Spötter kommen werden, die nach ihren eigenen Lüsten wandeln und sagen: Wo ist die Verheißung seiner Wiederkunft? Denn seitdem die Väter entschlafen sind, bleibt alles so, wie es von Anfang der Schöpfung an gewesen ist! Dabei übersehen sie aber absichtlich, daß es schon vorzeiten Himmel gab und eine Erde aus dem Wasser heraus entstanden ist und inmitten der Wasser bestanden hat durch das Wort Gottes; und daß durch diese Wasser die damalige Erde infolge einer Wasserflut zugrunde ging. Die jetzigen Himmel aber und die Erde werden durch dasselbe Wort aufgespart und für das Feuer bewahrt bis zum Tag des Gerichts und des Verderbens der gottlosen Menschen. Dieses eine aber sollt ihr nicht übersehen, Geliebte, daß ein Tag bei dem Herrn ist wie tausend Jahre, und tausend Jahre wie ein Tag!“ *(2. Petrus 3,3-8; lies 1-18; Sch 2000)*

In Kapitel 3 behandelt Petrus insbesondere die Endzeit, die Wiederkunft Christi und ganz besonders auch den Untergang der jetzigen Weltzeit.

Die Spötter kommen

Zuerst setzt sich Petrus mit den Spöttern auseinander. Er sagt: „Am Ende der Tage werden zunehmend mehr Spötter kommen und die Gläubigen zynisch fragen: Wo ist denn die Verheißung Seiner Wiederkunft? Es bleibt ja doch alles beim Alten, so wie es schon immer war“ (nach Vers 4).

Zunächst ist es tröstend, daß Petrus es so für das Ende der Zeit vorausgesagt hat. Denn seine Prophetie hat sich erfüllt, und wir erleben es heute so. Die Bibel spricht an vielen Stellen nicht unbedingt von einer gewaltigen Erweckung, sondern eher von einem massiven Abfall als Zeichen der letzten Zeit. Gewiß wird das Evangelium bis an die Enden der Erde verkündigt werden, aber zugleich fragt Jesus: *„Doch wenn der Menschensohn kommen wird, meinst du, er werde Glauben finden auf Erden?“ (Lukas*

18,8). Der Apostel Paulus warnt uns und sagt: *„Laßt euch von niemandem verführen, in keinerlei Weise; denn zuvor muß der Abfall kommen und der Mensch der Bosheit offenbart werden, der Sohn des Verderbens" (2. Thessalonicher 2,3).* Wir sehen also: Wenn Jesus wiederkommt, wird Er nicht inmitten einer großen Erweckung erscheinen. Es wird ein großer Abfall sein, und Spötter werden kommen und fragen: „Was ist mit eurem Glauben? Wo bleibt der Einfluß des Christentums? Wo bleibt die Kraft des Wortes Gottes? Wo ist die Verheißung? Wo ist das Gericht?"

Wie begründen die Spötter die These, daß Jesus nicht wiederkommt und daß es kein Gericht geben wird? Sie sagen: „Wie es von Anfang gewesen ist, so ist es bis heute geblieben. Alles funktioniert nach festen Naturgesetzen, so wie sich eben alles durch die Evolution entwickelt. Daran wird sich nichts ändern. Es gab noch nie einen Gott, der mit hoher Hand den Lauf der Geschichte angehalten und ein umfassendes, katastrophales Gericht für alle Menschen eingeleitet hat, und es wird so einen Gott auch nicht geben." Sie glauben nicht daran, daß Gott in irgendeiner Weise konkret in das Geschehen auf der Erde eingreift. Solche Verächter des Evangeliums wird es immer mehr geben.

Den Spöttern antworten

Wie begegnet Petrus diesen Argumenten? Er antwortet: *„Dabei übersehen sie aber absichtlich, daß es schon vorzeiten Himmel gab und eine Erde aus dem Wasser heraus entstanden ist und inmitten der Wasser bestanden hat durch das Wort Gottes; und daß durch diese Wasser die damalige Erde infolge einer Wasserflut zugrunde ging" (2. Petrus 3,5-6; Sch 2000).* Petrus will hier sagen, daß es in der Geschichte der Erde Gottes konkretes Eingreifen doch bereits gegeben hat. Denn nicht durch endlose evolutionäre Veränderung, sondern konkret durch Gottes Wort ist die Schöpfung aus den Wassern entstanden. Der zweite

Schöpfungstag beschreibt dies genau: *„Und Gott sprach: Es werde eine Feste zwischen den Wassern, die da scheide zwischen den Wassern. Da machte Gott die Feste und schied das Wasser unter der Feste von dem Wasser über der Feste. Und es geschah so. Und Gott nannte die Feste Himmel. Da ward aus Abend und Morgen der zweite Tag" (1. Mose 1,6-8).* Gott sammelte das Wasser in einem oberen Bereich über der Erde, dem Wolken- und auch dem Firmamentbereich, und einem unteren Bereich, neben und unterhalb der Erdoberfläche in Grundwassern, Quellen, Flüssen, Seen und Meeren. Wenn Gott in der Schöpfung schon einmal so konkret eingegriffen hat und durch Sein machtvolles Wort die vor sich hindümpelnde Finsternis umkrempelte und die Erde in eine neue Epoche des Lichts und des Lebens hineinführte, wieso kann Er dann nicht noch einmal so kommen und nach dem Einbruch der Sünde und des Bösen dem Ganzen ein Ende bereiten und wiederum einen neuen Himmel und eine neue Erde schaffen?

Dann weist Petrus auf die Sintflut hin. Sie war ein weiteres Einschreiten Gottes, als Er die Schleusen des Wassers öffnete. Fachleute sagen[15], daß es eine Zeit vor der Sintflut gegeben hat, in der es keinen Regen gab, zumindest keine Wolkenbrüche und keine Stürme verheerender Art. Die Erde hatte ein mildes Klima, und eine herrliche Vegetation war da. Die ganze Erde war wie ein wunderbares Treibhaus. Aber die Bosheit der Menschen nahm zu, und Gott wollte das nicht mehr mit ansehen. Er sagte: „Diesem Frieden, dieser Herrlichkeit bereite Ich jetzt ein Ende." Damals wurden die Menschen aufgrund dieser wunderbaren klimatischen Verhältnisse 500, 700 oder gar 900 Jahre alt.

Dann sagte Petrus: „Hört mal, ihr Spötter, was redet ihr, daß alles beim Alten geblieben ist? Wie kommt ihr darauf, daß alles in einer uniformen, evolutionären Entwicklung

---

[15] Vgl. verschiedene Artikel und Bücher der „Studiengemeinschaft Wort und Wissen", im Internet unter www.wort-und-wissen.de.

weitergeht? Ihr überseht absichtlich, daß da eine Sintflut war und Gott ebenfalls durch Sein Wort die Wolken, die wasserhaltenden Firmamente plötzlich aufbrechen ließ und Überflutung von oben und von unten kam und die Menschheit bis auf Noah und seine Familie ausgelöscht wurde." Petrus glaubte an die Geschichtlichkeit der alttestamentlichen Berichte. Auch die Apostel glaubten daran, und auch Jesus bestätigte die Sintflut-Geschichte als ein wirkliches historisches Ereignis: *„Denn wie sie waren in den Tagen vor der Sintflut – sie aßen, sie tranken, sie heirateten und ließen sich heiraten bis an den Tag, da Noah in die Arche ging, und sie beachteten es nicht, bis die Sintflut kam und raffte sie alle dahin , so wird es auch sein beim Kommen des Menschensohns" (Matthäus 24,38-39).* Spricht Jesus bezüglich der Sintflut von einem Mythos, von einem Prinzip, oder war es ein jüdischer Roman? Nein, Er spricht von dem geschichtlichen Faktum der Ausrottung der Menschheit, bis auf Noah und seine Familie.

Nun schreibt Petrus, daß sich ein solches Gericht Gottes noch einmal wiederholen wird. Gott setzte zwar nach der Sintflut den Regenbogen an den Himmel, um zu symbolisieren, daß Er die Welt nie wieder durch Wasser vernichten werde. Aber Er wird das gegenwärtige Weltsystem durch Feuer zerstören. So wie das Wasser oben und unten da war, aber durch eine Scheidung von Gott gehalten wurde, bis es über die Menschen hereinbrach, so ist auch das Feuer gegenwärtig oben und unten. Das Universum ist voller Sterne, Kometen und Asteroiden. Und das Innere der Erde ist ebenfalls gefüllt mit einem glühenden, zähflüssigen Feuersee, dessen Temperatur fast 7000 Grad Celsius beträgt. Die Menschheit ist vom brennenden Erdkern nur durch eine 15 Kilometer dicke Kruste getrennt. Ich erinnere nur an Vulkanausbrüche mit ihren kochend heißen Lava-Massen.

Dann hat die ganze Schöpfung auch eine atomare Struktur. So wie Menschen Atombomben mit schrecklicher Wirkung herstellen können, so kann auch Gott das gesamte Universum durch eine Explosion atomarer Energie auflösen. Mit solchen Äußerungen rufe ich gewiß noch mehr Spötter auf den Plan. Aber Petrus schreibt: *„Es wird aber der Tag des Herrn kommen wie ein Dieb in der Nacht; dann werden die Himmel mit Krachen vergehen, die Elemente aber vor Hitze sich auflösen und die Erde und die Werke darauf verbrennen. Da nun dies alles aufgelöst wird, wie sehr solltet ihr euch auszeichnen durch heiligen Wandel und Gottesfurcht, indem ihr das Kommen des Tages Gottes erwartet und ihm entgegeneilt, an welchem die Himmel sich in Glut auflösen und die Elemente vor Hitze zerschmelzen werden! Wir erwarten aber nach seiner Verheißung neue Himmel und eine neue Erde, in denen Gerechtigkeit wohnt. Da rum, Geliebte, weil ihr dies erwartet, so seid eifrig darum bemüht, daß ihr unbefleckt und tadellos vor ihm erfunden werdet in Frieden!" (2. Petrus 3,10-14; Sch 2000).*

So wie die Welt in der Sintflut gerichtet wurde, so wird Christus wiederkommen und die Welt im Feuer richten, und die Elemente werden zerschmelzen. Darum halten wir uns nicht zu den Spöttern, sondern zum Wort des Herrn und erwarten Seine Wiederkunft.

Aber wann wird das sein? Wie lange wird das noch dauern? Denn nun wartet die Gemeinde Jesu schon bald 2000 Jahre. Haben die Spötter am Ende doch recht?

Tausend Jahre sind wie ein Tag

Hört, wie Petrus argumentiert: *„Dieses eine aber sollt ihr nicht übersehen, Geliebte, daß* ***ein*** *Tag bei dem Herrn ist wie tausend Jahre und tausend Jahre wie* ***ein*** *Tag!" (2. Petrus 3,8; Sch 2000).* Ich würde gerne unsern Fokus nun auf diesen Satz richten.

1. Gott steht außerhalb der Zeit. Er ist ewig. Darum hat Er ein völlig anderes Verhältnis zur Zeit als wir. Wenn ein Boot den Rhein von der Quelle bis zur Mündung fährt, kann das ein paar Tage, vielleicht sogar Wochen dauern. Aber Gott, der Ewige, sieht die Quelle und die Mündung in einem, ohne daß Zeit dazwischen ist. Deine Geburt und dein Tod sind durch eine Zeitspanne voneinander getrennt. Aber Gott sieht beides in einem einzigen Augenblick. Wir schauen auf 2000 Jahre Kirchen- und Gemeindegeschichte seit Pfingsten zurück. Für Gott ist das ein einziger Augenblick. Nach der Formel des Petrus ist die Gemeinde Jesu gerade zwei Tage alt.

Diese Wahrheit eines zeitlosen, ewigen Gottes kommt schon in Seinem Namen zum Ausdruck. Als Mose zum Pharao gehen sollte, um Israel aus der Sklaverei zu führen, wollte er von Gott wissen, was er sagen solle, wenn die Israeliten fragen würden, welcher Gott ihn gesandt habe. Gott antwortete darauf: *„Der* ***‚Ich bin‘*** *hat mich zu euch gesandt“ (2. Mose 3,14; Elb).* Gott heißt nicht: „Ich war“ oder „Ich werde sein“. Gott heißt immer: „Ich bin“. Er ist der Gott der Gegenwart. Er steht über der Zeit. Der Gott der Bibel heißt „Ich bin“. Auf uns hat Zeit einen großen Einfluß. Der Zahn der Zeit nagt an uns. Die Zeit verändert uns. Wir altern. Aber bei Gott ist das nicht so. *„Jesus Christus gestern, heute und derselbe auch in Ewigkeit“ (Hebräer 13,8).* Und: *„Sie [Himmel und Erde] werden vergehen, du aber bleibst; sie werden alle veralten wie ein Gewand; wie ein Kleid wirst du sie wechseln, und sie werden verwandelt werden. Du aber bleibst, wie du bist, und deine Jahre nehmen kein Ende“ (Psalm 102,27-28).* Vor diesem Hintergrund der Ewigkeit ist bei Gott *„ein Tag“* tatsächlich *„wie tausend Jahre“*. Es ist kein Unterschied dazwischen.

2. Ein Tag ist wie tausend Jahre. Oft wurde die langsame Ausbreitung des Evangeliums beklagt. Wie wenige Menschen sind in den ersten 1900 Jahren zum Glauben an Christus gekommen. Wie lange dauert es, bis alle Völker erreicht werden? Heute wissen wir: Gott kann an einem einzigen Tag mehr Seelen retten als in den 1000 Jahren davor. Die Welt war in der Finsternis des Mittelalters gebunden. Aber es genügte ein einziger Tag, an dem Martin Luther 95 Thesen an die Tür der Kirche schlug, und 1000 Jahre Mittelalter waren wie weggeblasen. Israel will 1000 und 2000 Jahre nicht glauben. Aber die Schrift sagt: „Es kommt ein Tag, wenn Jesus wiederkommt, dann wird sich ganz Israel auf einmal bekehren" (vgl. Römer 11,26). Ein Tag ist bei Gott wie 1000 Jahre. Aber schauen wir uns die Wendung andersherum an, so wie Petrus sie uns gibt:

3. Tausend Jahre sind wie ein Tag. Gott hat viel Zeit. Ein Tag hat bei Ihm nicht 24 Stunden, sondern 1000 Jahre. Er hat es also nicht eilig, weil Ihm vielleicht die Zeit davonläuft. So antwortet Petrus auf die Frage, warum sich die Wiederkunft Jesu und das kommende Gericht vermeintlich so lange hinzieht. Er sagt: *„Der Herr zögert nicht die Verheißung hinaus, wie etliche es für ein Hinauszögern halten" (2. Petrus 3,9; Sch 2000).* Nein, der Herr Jesus Christus wird pünktlich sein, wenn Er wiederkommt. Allerdings mißt Er die Zeit nicht wie wir, sondern ein Tag ist bei Ihm wie 1000 Jahre. Die Zeit mag für uns lang sein, aber für Gott nicht. Gott ist ein großer und mächtiger Gott. Er kann über allem, was auf Erden geschieht, gelassen sein – auch über das Gebrüll Seiner Feinde. Nur ein kleiner König wird nervös, wenn er angegriffen wird. Er muß sofort zurückschlagen und darf keine Zeit verlieren. Aber in solcher Gefahr steht der Allerhöchste nicht. Er sagt: *„Warum toben die Nationen und sinnen Eitles die Völkerschaften? Es treten auf Könige der Erde, und Fürsten tun sich zusammen gegen den HERRN und seinen Gesalbten: «Laßt uns zerreißen ihre Bande und von uns werfen ihre Stricke!» Der im Himmel thront, lacht, der Herr spottet über sie" (Psalm 2,1-4; Elb).* Der ewige Gott wird nicht hektisch, weil Ihm jemand dazwischenkommt. Nein, der Allmächtige ist in voller Ruhe. Er hat so viel Zeit. Ein Tag ist für Ihn so lang wie für uns 1000 Jahre. Was dürfen wir daraus ablesen?

Konsequenzen für uns

Erstens: **Wir dürfen Geduld lernen** und dann vertrauen, auch wenn Gott nicht gleich so handelt, wie wir uns das vorstellen. Lege deshalb alle Angst, alle Hektik und alle Ungeduld ab. Jesus sagte zu Seinen ungeduldigen Jüngern: *„Meine Zeit ist noch nicht da. Eure Zeit ist"* – wie Luther sagt – *„allewege" (Johannes 7,6).* Die Jünger hatten es immer eilig. Mal sagten sie: „Herr, offenbare Dich vor der Welt, daß sie begreifen, wer Du bist." Ein anderes Mal sagten sie: „Herr, beeile Dich, laß Feuer vom Himmel fallen!" Aber Jesus erwiderte: „Kommt, überstürzt nichts, bleibt ruhig." Wie schon der Prophet Jesaja sagte: *„Wer glaubt, wird nicht ängstlich eilen" (Jesaja 28,16; Elb).* Der Vertrauende flieht nicht. Er kann warten, denn er weiß: Gott steht viel Zeit zur Verfügung, Seine Ratschlüsse und Pläne durchzuführen. So laßt uns Geduld lernen.

Zweitens: **Je länger es dauert, desto größer wird der Sieg.** Als das Nachkriegsdeutschland 1954 in Bern im Endspiel um die Fußballweltmeisterschaft gegen Ungarn antrat, lag die deutsche Mannschaft zunächst mit 2:0 im Rückstand. Das Spiel schien verloren. Aber dann gewann Deutschland doch noch mit 3:2. Das war ein doppelt großer Triumph! Beim Fußballspiel hätte das auch schiefgehen können. Aber Gottes Pläne können nicht schiefgehen. Gott ist souverän, und Er läßt Seinen Feinden nicht selten Vorsprung. Er läßt sie sogar triumphieren. Als Jesus am Kreuz hing und gestorben war, dachten Seine Feinde, daß sie gesiegt hätten. Aber sie irrten. Gott hatte Seinen Sieg in der Auferstehung nur noch gewaltiger machen wollen. Das letzte Wort spricht kein anderer als Jesus Christus.

Den dritten Grund gibt Petrus hier selber an. Er sagt: **„Gott wartet mit Seinem Feuergericht, weil Er langmütig ist."** Wörtlich heißt es: *„Der Herr zögert nicht die Verheißung hinaus, wie es etliche für ein Hinauszögern halten, sondern er ist langmütig gegen uns, weil er nicht* *will, daß jemand verloren gehe, sondern daß jedermann Raum zur Buße habe" (2. Petrus 3,9; Sch 2000).* Petrus schreibt nicht: „Gott ist langmütig gegen die Welt." Nein, die wird aufbewahrt für das Feuer (Vers 3). Jesus selbst sagt: *„Wer aber nicht glaubt, der ist schon gerichtet, weil er nicht geglaubt hat an den Namen des eingeborenen Sohnes" (Johannes 3,18; Sch).* Das heißt, das Schicksal des Gottlosen ist besiegelt. Paulus schreibt von ihnen: *„Darum hat sie auch Gott dahingegeben"* in ihrer Verblendung und in ihrer Sünde (Römer 1,24+26). Nein, gegen die ungläubige Welt ist Gott nicht langmütig. Sie ist schon gerichtet. Die Weltmenschen mögen zeitlich noch von Gottes Langmut profitieren, aber dummerweise nutzen sie diese Langmut zu nichts anderem, als ihre Sünden noch zu mehren und den Zorn Gottes gegen sich noch größer zu machen (Römer 2,5).

Der Herr ist langmütig gegen uns, Sein Volk, Seine Auserwählten, gegen die, die schon herausgerufen sind und noch herausgerufen werden. Gott spricht in der Bibel immer wieder von der vollen Zahl der Heiligen (Römer 11,25). Er wird die Auserwählten aus allen Winden sammeln. Manche Kinder Gottes sind auf Abwege geraten, indem sie von Verführern verführt wurden und die Wege der Lust der Welt gegangen sind. Aber Gott will nicht, daß einer von diesen verloren geht, sondern Er will ihnen allen noch Raum zur Buße geben. Wir wissen nicht, wer einst alles zum Volke Gottes gehören wird. Nur der Herr kennt die Seinen. Darum haben wir allen Menschen das Wort Gottes zu predigen und sie zur Buße zu rufen. Denn Gott will das Volk Seines Eigentums herausretten und in Sicherheit bringen. Darum schreibt Paulus: *„Oder verachtest du den Reichtum seiner Güte, Geduld und Langmut? Weißt du nicht, daß dich Gottes Güte zur Buße leitet?" (Römer 2,4).*

Nutze also die Langmut und Geduld Gottes. Bekehre dich und finde nach Hause, und du wirst bewahrt vor dem ewigen Gericht, wenn der Herr Jesus wiederkommt.

Buchempfehlungen

Wolfgang Wegert. arche-medien, Hamburg

Fundamente des Glaubens. 2010^{12}. Pb. 96 S. € 4,90

In diesem Buch geht es um die Grundfragen des Glaubens: Warum ist der Mensch verloren? Wie kann er wieder zu Gott zurückfinden? Was heißt „Wiedergeburt", was verstehen wir unter „Bekehrung"? Aber auch Fragen zum Wirken des Heiligen Geistes, zur Bewahrung der Gläubigen bis hin zum Thema Tod werden angesprochen.

Das Evangelium kennen und genießen. 2009^{5}. Pb. 312 S. € 13,90

Nicht selten fragen Christen, was los ist in unseren Gemeinden. Sie spüren, dass in der Verkündigung etwas nicht stimmt, aber man weiß nicht genau, was. Denn heimlich hat sich die christliche Verkündigung so sehr dem humanistischen Zeitgeist angepasst, dass zwar noch Bibelstellen verwendet werden, aber so einseitig, dass das Evangelium verzerrt und oft sogar auf den Kopf gestellt wird.

Da das auf die Gesundheit des Glaubens verheerende Auswirkungen hat, möchte dieses Buch dringend dazu beitragen, ganz neu die fundamentalen Wahrheiten zu entdecken, auf denen das Evangelium aufbaut. Pastor Wegert geht dabei natürlich bei der Bibel in die Schule und auch bei den Reformatoren und Erweckungspredigern, die sich von ihr lehren ließen, wie z.B. M. Luther und J. Calvin, J. Edwards, C. H. Spurgeon und M. Lloyd-Jones.

Das Gesetz der Freiheit. 2008^{5}. Pb. 160 S. € 7,40

Wolfgang Wegert entfaltet in diesem Buch die Eckdaten christlicher Ethik anhand der Zehn Gebote. Durch die Gebote Gottes erkennen wir zwar einerseits unsere völlige Unfähigkeit, Gottes Gesetz zu erfüllen – es treibt uns so zu Jesus und Seiner Gnade. Unter der richtigen Voraussetzung aber werden die Gebote Gottes andererseits zu einer überaus segensreichen Leitlinie für unser ganzes Leben. Wir entdecken in ihnen die Weisheit des Schöpfers dieser Welt und sind fasziniert von der Freiheit, die Gottes Gesetz letztlich überhaupt erst möglich macht.

Mir wird nichts mangeln. 2010^{8}, Pb. 72 S. € 3,90

In Jesus Christus kann der Gläubige wirklich zur Ruhe kommen, denn Er ist der gute Hirte, der die Seinen mit aller geistlichen Nahrung versorgt. So ist der nur wenige Verse lange Psalm 23 zugleich eine Kurzfassung des gesamten Evangeliums – von der Einladung zum Glauben angefangen über das Leben der Gläubigen mit allen Höhen und Tiefen bis zur Vollendung in der Ewigkeit.

Liebe, die nicht scheitert. 2010^{5}, Pb. 80 S. € 4,40

Wie ist die Liebe Gottes eigentlich? Sie ist nicht so, wie Menschen sie sich denken. Für viele ist das Wort „Gott ist Liebe" nur ein Klischee, nur ein Alibi für Gottlosigkeit. Sie wünschen sich eine Liebe ohne Wahrheit, Gerechtigkeit und Gericht. Aber Gottes Liebe ist anders. Sie ist tiefer, reiner und heiliger. Weil es hier große Verwirrung gibt, müssen wir dringend zur Bibel greifen und lernen, wie die Liebe Gottes wirklich ist.

Ein kostbarer Glaube. 2010[4], Pb. 200 S. € 8,90

Biblischer Glaube ist für Petrus nicht billige Massenware, sondern eine teure Rarität, eben ein „kostbarer Glaube“ (2. Petrus 1,1). In seinen beiden Briefen macht der Apostel deutlich, warum lebendiger Glaube einen so unschätzbaren Wert hat.

Petrus geht in seinen beiden Briefen in kurzer und prägnanter Form auf nahezu alle Facetten des biblischen Glaubens ein – sowohl der Lehre als auch besonders der Praxis. Das vorliegende Buch, das auf eine Predigtreihe des Autors über die beiden Petrusbriefe zurückgeht, kann so auch dem heutigen Leser helfen, die Kraft des von Gott geschenkten Glaubens ganz praktisch zu erfahren – in Zeiten der Freude und des Wohlergehens, aber besonders auch in Zeiten von Leid und Not, bei Verführung und Bedrohung durch falsche Lehren.

Damit sie eins sind. 2007, Pb. 96 S. € 4,90

Vielen Christen gefällt das „hohepriesterliche Gebet Jesu“ in Johannes 17 deshalb besonders gut, weil es auch von der Einheit der Christen handelt, die uns ja allen sehr am Herzen liegt. Aber was heißt das? Sollen wir die Einheit menschlicher Institutionen organisieren? Sollen wir Kompromisse schließen, den kleinsten gemeinsamen Nenner suchen? Spricht Jesus dagegen nicht vielmehr von einer geistlichen Einheit, die sein himmlischer Vater bereits gewirkt hat und die letztlich vom Geist Gottes garantiert wird? Das Gebet Jesu gipfelt in dem Gebet um Einheit. Aber auf dem Weg dahin gibt es noch eine Fülle anderer Themen, die ganz neu beleuchtet werden sollen und somit zu starkem geistlichen Gewinn werden.

Alles ist Dein. 2008^{3}, Pb. 120 S. € 6,90

Alles, wonach gläubige Christen sich in Wahrheit sehnen, ist ihnen durch Jesus Christus bereits geschenkt. Deshalb gibt es auch absolut keinen Grund mehr für Verzagtheit, Resignation, Verzweiflung und Depression.

Und auch alle eigene Anstrengung, Arbeit und Mühe, um ein Gott wohlgefälliges Leben zu führen, ist völlig umsonst.

Durch dieses Buch will Wolfgang Wegert Ihnen die Augen öffnen für das Geschenk eines befreiten und erfüllten Lebens in Christus. Lassen Sie sich nach der Lektüre dieses Buches nie wieder die neue Perspektive rauben!

Die Dreieinigkeit Gottes. 2006^{2}, Pb. 64 S. € 3,80

In dieser kurzen Studie wird mit den zentralen biblischen Texte diese wichtige theologische Lehre begründet, gleichzeitig aber auch ihr Segen für das alltägliche Leben des Christen thematisiert.

Glaubensbekenntnis der Arche. 2009, 32 S. € 2,50

Wozu dient ein spezielles Glaubensbekenntnis? Ist es nicht ausreichend, die Bibel als verbindlich anzuerkennen? Pastor Wegert schreibt dazu in seinem Vorwort:

„Selbstverständlich kann sich unser Glaube nur auf die Heilige Schrift gründen. Aber gerade sie ermahnt uns, dass jeder Christ zur Gesundheit seines Glaubens und zum Zeugnis vor der Welt ein klares Verständnis von der Lehre der Schrift braucht. Angesichts einer christlich religiösen Beliebigkeit erscheint es uns deshalb von großer

Wichtigkeit, in einigen kurzen Artikeln das komprimiert aufzulisten, was die Bibel als Pfeiler und Grundfeste der Wahrheit bezeichnet (2. Timotheus 1,13).“ So möchten wir allen Lesern Rechenschaft von unserem Glauben ablegen, ihnen deutlich machen, wo unser Herz schlägt, sie aber zugleich einladen, selbst die Bibel intensiv zu studieren und sich vielleicht auch mit Themen zu beschäftigen, die sie aus dem Auge verloren haben oder die für sie ganz neu sind. Dazu bieten nicht zuletzt die Verweise auf viele biblische Texte reichhaltig Möglichkeit.

Dave Harvey. Wenn Sünder sich das Ja-Wort geben. 2009, 200 S. € 10,90

Dave Harvey laboriert nicht an den äußeren Symptomen Problem beladener Ehen herum, sondern kommt auf die wahre Ursache aller Beziehungsnöte zu sprechen – nämlich unser abgründiges Herz. Sein Buch zeigt aber nicht nur das, sondern der Leser erfährt mit großer Überraschung, wie das fast vergessene Evangelium auch heute noch die einzigartige Kraft besitzt, menschliche Herzen so nachhaltig zu verändern, dass zwei Sünder schließlich doch glücklich miteinander leben können. Wenn „Sünder sich das Ja-Wort geben“ ist deshalb zugleich auch ein leidenschaftliches Plädoyer für die Botschaft vom Kreuz. Nicht zuletzt aus diesen Gründen verbindet mich, Wolfgang Wegert, mit Dave Harvey eine besondere Freundschaft.

C.J. Mahaney. Souveräne Gnade und das herrliche Geheimnis der Erwählung. 2009, 22 S. € 2,50

Was denkst du über dein Bekehrungserlebnis? Was sticht am meisten hervor: Gottes Initiative und Sein Eingreifen oder deine Buße und dein Glaube? Wenn wir die Rolle von Gottes souveräner Gnade in der Erwählung deutlich und andauernd erkennen, dann erfreuen wir uns an den wunderbar lebensverändernden Wohltaten, die allein das Evangelium geben kann.

Liebe, eine Flamme Gottes. 2009, 104 S. € 5,90

So wie dein Herz mit Gott steht, so steht es auch mit deinem Partner. So wie dein Verhältnis zum Herrn ist, so ist auch dein Verhältnis zu den Deinen. Deine Anbetung Gottes bestimmt, wie du andere behandelst. Deshalb geht es in der vorliegenden Betrachtungsreihe auch nicht als erstes um die Frage, wie es mit der Beziehung zu deinem Partner steht, sondern wie es mit deiner Beziehung zu Gott steht. Wenn ihr möchtet, dass eure Ehe nicht als erstes auf euch selbst, sondern auf Gott und Seine Ehre bezogen sein soll, dann wird dieses Buch einen überraschend großen Nutzen in eurem täglichen Leben haben.

Das Wort der Wahrheit. 2009, 404 S. € 17,90

Die am meisten verbreitete Schrift in der ganzen Welt ist die Bibel, obwohl sie durch die Jahrhunderte hindurch bekämpft wurde wie kein anderes Buch. Was macht sie so einzigartig, so souverän und zeitlos? Es sind ihre gewaltigen, ewig gültigen Lehren. Doch in unserer sogenannten christlich-abendländischen Gesellschaft kennt man die Bibel kaum noch. Um aber die Kraft der Heiligen Schrift für das eigene Leben und die Gesellschaft im allgemeinen entdecken und erfahren zu können, müssen wir wissen, was definitiv ihre Botschaft ist.

Anhand vieler Bibelzitate und mit einem starken Bezug zum praktischen Leben erklärt Pastor Wegert in seinem neuen Buch 65 mal treffend das Wort der Wahrheit. Der Leser spürt seine leidenschaftliche Hingabe an das Evangelium und wird selbst tief berührt von Gottes unaussprechlicher Gnade und von Seinem einzigartigen Heilsplan.